W0068172

Pit Budde · Josephine Kronfli

Panda – Orca – Känguru

**Wie die wilden Tiere leben –
Kinder begegnen Tieren aus aller Welt
in Spielen, Liedern und Geschichten**

Illustrationen von Vanessa Paulzen

Ökotopia Verlag, Münster

Impressum

AutorInnen:	Pit Budde
	Josephine Kronfli
Illustratorin:	Vanessa Paulzen
Lektorin:	Barbro Garenfeld
Notensatz:	Ja.Ro-Music, Taunusstein
Satz:	Hain-Team, Bad Zwischenahn
ISBN:	978-3-86702-075-6

© 2009, Ökotopia Verlag, Münster
1 2 3 4 5 6 7 8 9 10 • 16 15 14 13 12 11 10 09

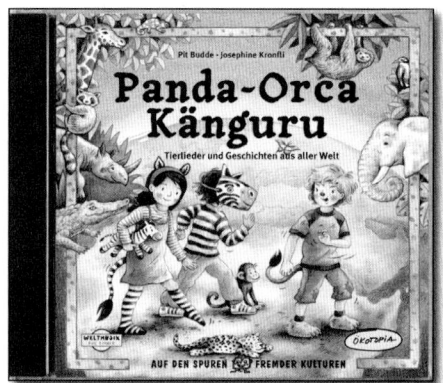

Fast alle Lieder dieses Buches gibt es auf der CD
von Pit Budde und Josephine Kronfli:
„Panda – Orca – Känguru"
ISBN: 978-3-86702-076-3

Unser besonderer Dank gilt

Mala Damodaran-Born, Martin Bahrenberg, Taliin Ochid, Xu Fengxia, Brian Zanji, Rudolf
Blauth, Jens Pfeil, Thomas Gelbhardt, Sólveig Jónasdóttir und Kjartan Jónsson.

Inhaltsverzeichnis

Vorwort

Ein Zebra, einen Löwen, ein Krokodil oder ein Flusspferd in der Wildnis zu beobachten, ist ein großartiges Erlebnis. Einen rüttelnden Turmfalken neben der Straße, einen Hasen auf dem Stoppelfeld, einen Igel im Garten, ein Reh am Waldrand zu erleben, ist ebenfalls großartig. Ein Besuch im Zoo mit einem Elefanten im Gehege, einem Gorilla im Käfig, einem Leguan im Tropenhaus und Delfinen im Schwimmbecken ist trotzdem für die meisten Kinder die erste und beste Möglichkeit, „wilde Tiere" zu beobachten und ihre Vielfalt kennen zu lernen.

Das gilt im Übrigen nicht nur für die Kinder hier in Europa. Viele afrikanische Kinder sehen den ersten und vielleicht einzigen Löwen ihres Lebens im Zoo!

Zoos und Tierparks haben sich im Laufe der letzten Jahrzehnte entscheidend gewandelt. Die Weitläufigkeit der Areale, die Auswahl der Tiere, die pädagogische Aufarbeitung für Kinder und Erwachsene, die Aufzuchtprogramme mit vom Aussterben bedrohten Arten hatten bereits Ende der 80er Jahre nicht mehr viel mit den engen Käfigen gemein, in denen sich früher Großkatzen, Primaten und andere für Besucher „attraktive" Tiere gequält haben. Ein Zoo, der den Tieren ein möglichst artgerechtes Dasein bietet, ist vielleicht der beste und wichtigste Ort, Kindern die Schönheit und Vielfalt der Tierwelt dieser Erde zu vermitteln.

Es ist eine lohnenswerte Aufgabe, sich gemeinsam mit den Kindern auf einen Besuch im Zoo vorzubereiten. Genauso spannend kann eine Vor- und Nachbereitung des Besuchs sein. Kinder sind offen und neugierig. Sie wollen nicht nur wissen, wie ein Tiger aussieht, sie wollen wissen, wo und wie er in der Wildnis lebt, ob er eine bedrohte Tierart ist, wie man ihm helfen kann. Um den Kindern ein Grundverständnis für die Entwicklungsgeschichte der Erde und ihrer Lebewesen zu ermöglichen, haben wir einführende Kapitel an den Anfang des Buches gesetzt.

Überall auf der Welt gibt es Spiele, mit denen Kinder auf eine Begegnung mit wilden Tieren vorbereitet werden oder bei denen sie die beobachteten Tiere imitieren. Durch Lieder, Basteleinheiten und Tiergeschichten aus allen Kontinenten nähern wir uns gemeinsam mit den Kindern den wilden Tieren unserer Welt.

Die Erde

Die Erde ist die Heimat der verschiedensten Lebewesen. Bevor es den Menschen gab, hat unser Planet eine erstaunliche Entwicklung durchgemacht.

Das Alter des Universums, in dem sich die Erde befindet, wird auf 13 bis 14 Milliarden Jahre geschätzt. Sein Ursprung ist nicht vollständig geklärt. Nach den Vorstellungen der WissenschaftlerInnen ist es durch den Urknall entstanden, bei dem sich das Universum wie bei einer unendlich gewaltigen Explosion in kürzester Zeit ausdehnte. Am Anfang dieser sehr schnellen Ausdehnung war das Universum noch extrem heiß und besaß eine hohe Dichte, bis es sich schnell weiter ausdehnte und dabei abkühlte. Es bildeten sich Elementarteilchen wie Protonen, Elektronen und Neutronen. Bald darauf war der Kosmos nur noch eine Milliarde Grad Celsius heiß und kühlte weiter ab. In der Folge entstanden einfache Atome wie Wasserstoff und Helium sowie Spuren von Lithium und Beryllium. Es vergingen etwa 300 000 bis 400 000 Jahre, bis sich das Universum auf rund 3000 °C abgekühlt hatte. Von da an konnten sich weitere Elemente mit einer unterschiedlichen Anzahl von Atombestandteilen entwickeln, welche die Grundbausteine für Himmelskörper und Galaxien bildeten.

Die Entstehung der Erde begann vor 4,5 Milliarden Jahren mit einem Gasnebel, der sich stark erwärmte und dabei Helium und Wasserstoff abgab. Die darauf folgende Abkühlung führte durch Kondensation und Gesteinsbildung zur Entstehung einer festen Erdkruste. Vulkaneruptionen schleuderten giftige Gase und Gesteinsbrocken in die dünne Atmosphäre und bildeten die Uratmosphäre.

Einige 100 Millionen Jahre nach der Entstehung der Erde bestand die sie umgebende Atmosphäre aus etwa 80 % Wasserdampf, 10 % Kohlendioxid, 5 bis 7 % Schwefelwasserstoff, etwas Stickstoff und anderen Gasen wie Ammoniak und Methan. Diese Gase stammten alle aus dem Erdmantel. Vor etwa 4,2 Milliarden Jahren kondensierte der Wasserdampf und bildete die Ozeane. Das Kohlendioxid der Atmosphäre löste sich darin und bildete Kalksteinablagerungen am Meeresgrund. Vor 3,4 Milliarden Jahren war fast nur noch Stickstoff übrig, sodass die Erde eine Stickstoff-Atmosphäre besaß.

Heftige Gewitter, der ungehinderte Zugang starker UV-Strahlen, – es gab ja noch keinen Sauerstoff und somit auch noch keine Ozonschicht – elektrische Ladungen, Meteoriteneinschläge und vulkanische Hitze trugen zur Entstehung der Urozeane bei und der so genannten „Ursuppe", die sie füllte. In die Tiefe des Urmeeres strömte eine heiße Flüssigkeit aus dem Erdinneren. Sie enthielt Gase und Minerale, aus denen sich mit der Zeit erst einfache, dann immer komplexere organische Verbindungen anreicherten, z. B. Aminosäuren, wichtige Bausteine des Lebens. Blitze und UV-Strahlung lieferten die dazu nötige Energie.

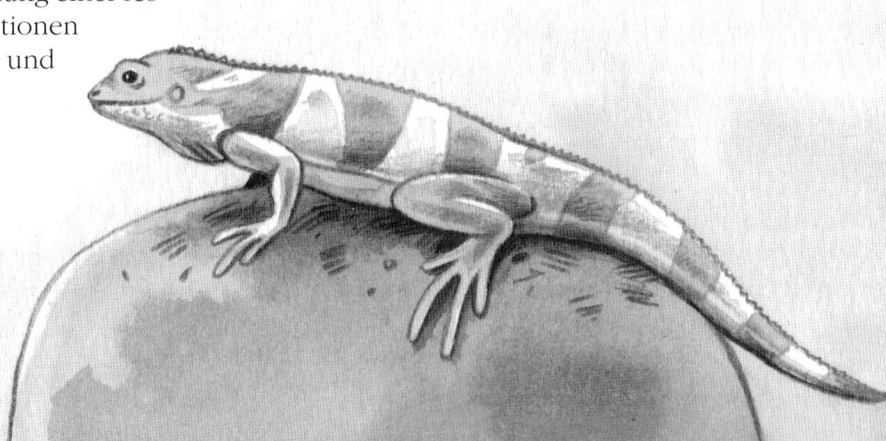

Unser Planet Erde

Unsere Erde sieht vom Weltall aus betrachtet wie eine blaue Kugel aus. Die bräunlichen Flecken sind die Landflächen, die blauen Flächen die Ozeane. Über der Erde sind an manchen Stellen weiße Wolken zu sehen. Der Südpol und der Nordpol sind mit Schnee und Eis bedeckt.
Die Erde ist nicht der einzige Planet im Weltall, es gibt viele andere. Im Verhältnis zum unvorstellbar großen Weltall ist sie wie ein winziges Staubkorn. Doch für uns Menschen ist die Erde der einzige Lebensraum. Die anderen Planeten sind unbewohnbar und außerdem unerreichbar weit entfernt.

Material: Malblock, Satellitenfoto unserer Erde, mittelgroßer Teller, Bleistift, Farbstifte oder Wasserfarbe (blau, weiß, braun), Schere

Alter: ab 4 Jahren
Vorbereitung: Mit den Kindern ein Planetarium besuchen. Dort werden regelmäßig Programme angeboten, die das Sonnensystem und den Sternenhimmel auf spielerische Art und Weise erklären. Als Alternative den Kindern Bilder der Erde zeigen, die vom Satelliten aus aufgenommen wurden.

Den Teller auf ein Blatt Malpapier legen und mit dem Bleistift einen Kreis zeichnen. Das Satellitenbild gut sichtbar für die Kinder als Orientierung aufhängen. Nach Vorbild des Satellitenfotos zeichnen die Kinder mit dem Bleistift die Konturen der sichtbaren Kontinente und Wolken auf das Papier. Alles Land malen die Kinder braun aus, die Wasserflächen blau und die Wolken weiß. Nach dem Trocknen schneiden sie die Bilder kreisrund aus, hängen sie auf und bewundern sie.

SATELLITENBILDER
DER ERDE

Die Entstehung des Lebens

Über die Entstehung des Lebens auf der Erde, vor etwa 3,8 Milliarden Jahren, gibt es mehrere Auffassungen. Einige Forscher denken, dass primitivste Lebensformen durch Meteoriten oder Kometeneinschläge aus dem All eingeschleppt wurden, die sich anschließend auf unserem Planeten weiterentwickelten. Andere Wissenschaftler glauben an die Entstehung des Lebens in labyrinthisch verzweigten Röhrchen auf der Oberfläche von Felsen. Neuerdings vermuten Forscher den Beginn des Lebens in der Tiefsee. Dort sollen sich aus den entstandenen organischen Verbindungen zuerst die Einzeller und später komplexere Lebewesen entwickelt haben. Zwar weiß niemand genau, wie und wann das Leben auf der Erde entstand, aber die spätere Entwicklungsgeschichte ist anhand von Fossilien und heute noch existierenden Lebewesen sehr gut nachvollziehbar.

Die ersten Lebewesen

Das stärkste Indiz für die Theorie, das Leben sei in der Tiefsee, in der Nähe von heißen Quellen entstanden, belegen die Archaebakterien. Sie sind die ältesten Lebensformen, die wir heute kennen. Alle Arten kommen nur in sehr unwirtlichen, sauerstoffarmen Biotopen wie im Sickerwasser von Kohlehalden, in Geysiren oder in der Tiefsee vor.

Vor etwa 3,5 Milliarden Jahren begannen Zellen, die sauerstofffreie Atmosphäre entscheidend zu verändern. Vermutlich ist es den im Wasser heimischen Cyanobakterien zu verdanken, dass sich das lebensspendende Gas Sauerstoff in der Atmosphäre anreichern konnte. Diese winzigen Einzeller, die keinen echten Zellkern besitzen, nutzen das Sonnenlicht zur Photosynthese. Mit Hilfe der Lichtenergie stellen sie Zuckermoleküle aus Wasser und Kohlendioxid her und setzen dabei als Abfallprodukt Sauerstoff frei. Es gilt als ziemlich sicher, dass es ohne Sauerstoff heute kein höheres Leben auf der Erde geben würde.

Das Leben auf der Erde wird vielfältig

Bis vor etwa 3,8 Milliarden Jahren, im Präkambrium, waren die einzigen Lebensformen auf der Erde Prokaryonten, Einzeller ohne echten Zellkern, wie die Cyanobakterien und andere Mikroben. Diese beherrschten die Erde etwa 1 Milliarde Jahre lang.

Im Laufe der Zeit bildeten diese Einzeller symbiotische Beziehungen zueinander und es entstanden zunächst Einzeller mit Zellkernen, die Eukaryonten, aus denen später mehrzellige Organismen hervorgingen.

In einer rasanten Phase der Evolution erschienen zunehmend komplexe Lebewesen. Im frühen Kambrium, das vor etwa 545 Millionen Jahre begann, bevölkerten die ersten wirbellosen Tiere und Algen die Meere. Anfangs war der Körper dieser Weichtiere nicht vor Fressfeinden geschützt, später entwickelten sich Panzer, Schalen und gegliederte Beine. Diese Tiere waren besser geschützt als nicht gepanzerte. Sie wurden zu den Räubern im Meer. Tiere, die zu dieser Zeit erschienen waren, sind Schwämme, Hohltiere, Weichtiere, Gliederfüßer und Stachelhäuter. Doch ihre Herrschaft war nicht von Dauer.

Fossilien

Durch Fossilien können wir sehr viel über die Geschichte des Lebens auf der Erde lernen. Sie mögen versteinerte Überreste eines Körpers, z. B. ein Skelett sein, oder versteinerte Fußspuren, oder Abdrücke der Haut eines vorzeitlichen Tieres. Fossilien entstehen nur unter bestimmten Bedingungen. Etwa wenn das tote Lebewesen schnell mit Schlamm oder Sand bedeckt wurde, bevor sein Körper an der Luft verwesen konnte. Während sich dann meist die Weichteile des Körpers im Laufe der Zeit zersetzen, bleiben das Skelett, der Panzer oder die Haut als Abdruck erhalten. Luftdicht abgeschlossen versteinern sie unter dem wachsenden Druck der darüber lagernden Erdschichten, bis sie irgendwann durch Erosion wieder ans Tageslicht kommen.

Das Alter von Fossilien bestimmen die Forscher nach der Erdschicht, in der sie liegen: je tiefer die Fossilien, desto älter sind sie. Von Fossilien erfahren wir viel über frühere Zeiten. Oft waren es Weichtiere wie Schnecken, Muscheln und Pflanzen, manchmal aber auch andere Lebewesen, die viel später gelebt haben wie Dinosaurier oder die Vorfahren von uns Menschen. Rekonstruierte und echte Fossilien sind in vielen Naturkundemuseen zu sehen.

Fossilien herstellen

Material: 1 Tasse gebrauchtes Kaffeepulver, 1 Tasse Mehl, 1/2 Tasse Salz, etwas kalten Kaffee, 1 Rührschüssel, Nudelrolle, Wachspapier, kleine Plastikfiguren wie Spinnen, Tausendfüßler, Blumen, Seesterne, Muscheln etc. für die Abdrücke, 1 kleines Trinkglas, Pfannenmesser, Backpapier
Alter: ab 4 Jahren mit Hilfe eines Erwachsenen

Kaffeepulver, Mehl und Salz mit wenig kaltem Kaffee in der Schüssel zu einem festen Teig kneten. Ein Stück Teig auf dem Wachspapier mit der Nudelrolle nicht zu dünn ausrollen. Mit dem Trinkglas runde Formen ausstechen, die Tierfiguren jeweils vorsichtig in ein ausgestochenes Teigstück drücken, mit dem Pfannenmesser aufheben und auf einen mit Backpapier belegten Rost legen. Wer möchte, sticht in jedes Teil oben ein Loch hinein, um es später aufhängen zu können. Im Backofen bei 150 °C etwa 45 Minuten durchbacken lassen.

ABDRUCK-BEISPIELE

Das erste Massensterben

Vor fast 500 Millionen Jahren sorgte wahrscheinlich eine extreme Klimaveränderung für ein Massensterben unter den Urtieren. Bei seiner Wanderung über den Südpol vereisten weite Teile des damaligen Südkontinents Gondwanaland. Der Meeresspiegel sank, während an Land die Gletscher wuchsen. Die flachen Meere, die Brutstätten der Evolution, schrumpften zusammen. Mehr als die Hälfte aller im Wasser lebenden Organismen starb aus. Doch bald nach dieser Katastrophe tauchten z. B. die Vorfahren des heute noch lebenden Kopffüßers Nautilus auf. Er ist ein Verwandter der Kalmare, Kraken und Sepien. Die Vorfahren der Haie schwammen durch die Ozeane und neue Korallenarten entstanden.

Die Fische

Vor etwa 520 Millionen Jahren entwickelten sich die ersten Wirbeltiere, die Vorläufer der Fische. Zunächst besaßen sie noch keine Kiefer. Mit ihren runden Mäulern und den darin frei sitzenden Zähnen oder zahnartigen Auswüchsen am Kopfpanzer waren sie in der Lage, Nahrung aufzusaugen oder ihre Beute zu zerbeißen. Sie konnten keine schnappenden Bewegungen ausführen, besaßen ein schwach entwickeltes Knorpelskelett sowie unpaarige Schwimmflossen. Heute sind diese Kieferlosen mit Ausnahme der Neunaugen komplett ausgestorben.

Vor etwa 450 Millionen Jahren endete ihre Herrschaft mit dem Auftreten der ersten Fische mit Kiefern. Die Kiefer wurden mit Hilfe von Muskeln bewegt und besaßen kräftige Zähne.

Diese neuen Fische entwickelten bald einen stromlinienförmigen Körper. Ihre Sinnesorgane waren weit höher entwickelt als die ihrer Vorgänger. Sie konnten schneller schwimmen und gezielt ihre Nahrung aufspüren. Ihr Skelett bestand aus gut entwickeltem Knorpel. Die bekanntesten Vertreter der Knorpelfische sind Haie und Rochen.

Ich bin ein kleiner Fisch

Alter: ab 4 Jahren

Ich bin ein kleiner Fisch,
ich schwimm' so gern herum.
(Beide Arme wie beim Schwimmen bewegen)
Du kannst mich nicht fangen,
denn ich habe Flossen.
(Mit den Zeigefingern Nein, Nein, Nein anzeigen)
Und schwimm' ich an meinen Freunden vorbei,
(Eine Hand ans Ohr halten und lauschen)
dann rufen alle, komm spiel mit uns.
(In die Luft springen und tanzen)

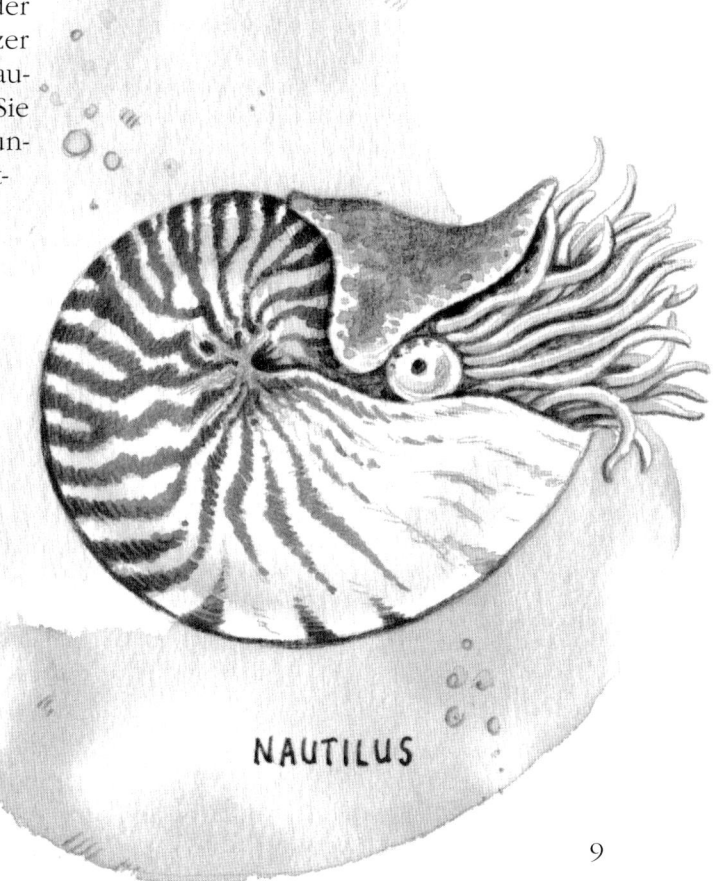

NAUTILUS

Fünf kleine Meerestiere

(T. & M.: Josephine Kronfli & Pit Budde)

Fünf klei-ne Mee-res-tie-re ver-ste-cken sich vor dir. Der

Krebs ist ü-ber'n Strand ge-rannt, da sind es nur noch vier.

Da kommt der Krebs und dann der See-stern.

Der Tin-ten-fisch ist plötz-lich nah. Die

Mu-schel schiebt sich durch den Sand, das See-pferd-chen ist wie-der da!

Fünf kleine Meerestiere
verstecken sich vor dir.
Der Krebs ist über'n Strand gerannt,
da sind es nur noch vier.

Vier kleine Meerestiere,
die Flut ist gleich vorbei,
der Seestern klettert unter'n Stein,
da sind es nur noch drei.

Drei kleine Meerestiere, das ist allerlei.
Der Tintenfisch spuckt Tinte aus,
da seh' ich nur noch zwei.

Zwei kleine Meerestiere,
ich hätt' gerne eins.
Die Muschel ist ganz plötzlich weg,
jetzt seh' ich nur noch eins.

Ein kleines Meerestier,
wo ist es denn, du Schreck?
Das Seepferdchen taucht tief ins Meer,
jetzt sind sie alle weg.

Fünf kleine Meerestiere schwimmen
schnell zurück.
Jetzt sind sie alle wieder da.
Ja, das ist doch ein Glück!

Da kommt der Krebs
und dann der Seestern.
Der Tintenfisch ist plötzlich nah.
Die Muschel schiebt sich durch den Sand,
das Seepferdchen ist wieder da!

Der Weg aufs Land

Bis vor 450 Millionen Jahren war das Leben auf der Erde an den Lebensraum Wasser gebunden. Die im Wasser lebenden Organismen hatten viele Vorteile. Quallen, die zu einem hohen Prozentsatz aus Wasser bestehen, waren so bestens gegen Austrocknung geschützt. Zudem waren sie weniger der Schwerkraft ausgesetzt als an Land und konnten sich durch die Weltmeere treiben lassen, ohne vom eigenen Gewicht erdrückt zu werden.

Doch auch das Leben auf dem noch nicht besiedelten Land besaß Vorteile. Es gab dort keine Räuber, geeignete Habitate (Wohnplätze) und ökologische Nischen waren noch nicht besiedelt. Die langsame Landbesiedlung der zuvor an ein Leben im Wasser angepassten Organismen wie Einzeller, Pilze, Pflanzen, Wirbellose und Wirbeltiere hat sich wiederholt und unabhängig voneinander zugetragen.

Nach fossilen Belegen haben sehr wahrscheinlich Pflanzen, die mit Hilfe der Photosynthese Sauerstoff produzierten, als erste den Schritt auf das Land geschafft. Grünalgen, Pilze und die mit ihnen vergesellschafteten Cyanobakterien, die frühesten Formen der heutigen Flechten, sollen schon vor 700 Millionen Jahren das Land besiedelt haben.

Die ersten Pflanzen waren noch auf feuchte Lebensräume angewiesen. Um nicht gegen die Schwerkraft kämpfen zu müssen, wuchsen diese Pflanzen nah am Boden. Erst später, durch die Entwicklung von stabilen Stämmen, die als Stütze dienten, und eines Leitungssystems, das Wasser von den Wurzeln bis zu den Blättern transportierte, konnten die so genannten Gefäßpflanzen in die Höhe wachsen, Wasser speichern, sich an trockeneren Stellen ansiedeln und so erfolgreich das Land erobern.

Der Ausbreitung der Pflanzen auf dem Land folgten die ersten Tiere. Diese verbrauchten den von den Pflanzen im Meer und an Land erzeugten Sauerstoff. Es waren Wirbellose und Spinnentiere, die den heutigen Skorpionen, Insekten und Tausendfüßlern glichen. Sie besaßen harte Außenskelette aus Chitin und waren so vor der Austrocknung geschützt.

Webspinne an der Decke

Spinnentiere (Spinnen, Weberknechte, Skorpione, Milben) gehören zu den Gliederfüßern. Der Körperbau von Spinnentieren ist in zwei Teile, Kopfbrustteil und Unterleib, unterteilt. Sie können, wie bei den Webspinnen und Skorpionen, deutlich voneinander abgesetzt oder, wie beim Weberknecht und den Milben, nicht abge-

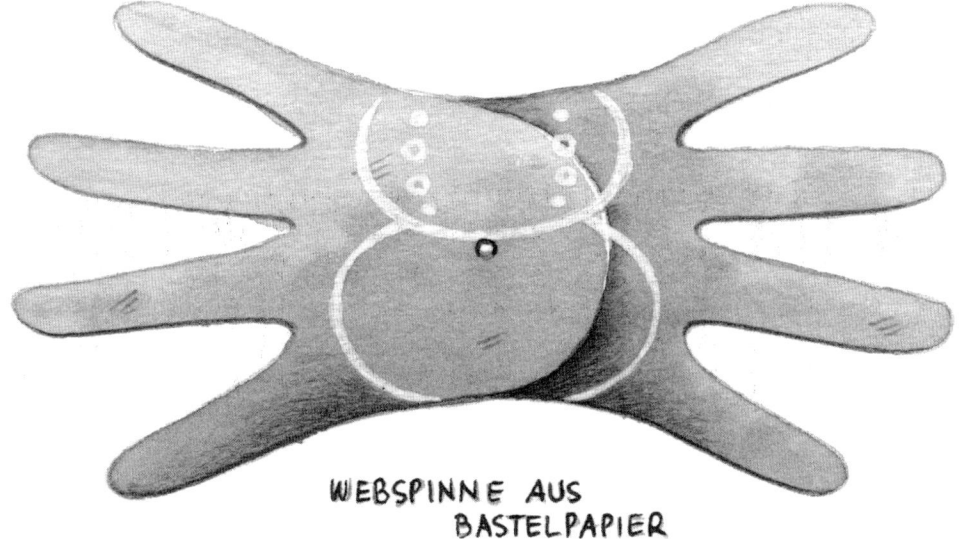

WEBSPINNE AUS
BASTELPAPIER

ACANTHOSTEGA

Die Amphibien

setzt sein. Ihr markantestes Merkmal sind die vier Laufbeinpaare, anhand derer man sie deutlich von Insekten unterscheiden kann. Spinnen besitzen acht Augen.

Material: schwarzes Bastelpapier, Stift, Schere, schwarze Wollfäden, Klebstoff, Schere, weiße Farbe
Alter: ab 4 Jahren

- Eine Hand mit gespreizten Fingern auf das Bastelpapier legen und den Umriss zeichnen. Dabei den Daumen an den Zeigefinger legen, damit unsere Spinne nur insgesamt acht Beine bekommt.
- Den Vorgang mit der anderen Hand wiederholen.
- Beide Hände ausschneiden und aneinander kleben.
- Mit weißer Farbe acht Augen, jeweils vier auf jeder Seite, auf die untere Hälfte malen. Die mittleren Augen sind größer und die wichtigsten Sehorgane.
- Vorsichtig ein Loch durch die Mitte stechen, den Wollfaden hindurchziehen und so verknoten, dass er nicht durchrutschen kann.

Die fertige Spinne an einer geeigneten Stelle an der Decke oder an einem Türrahmen befestigen.

Vor etwa 380 Millionen Jahren kamen mit den Amphibien die ersten Wirbeltiere an Land. Die Schwimmblasen ihrer Vorfahren, der Fische, waren inzwischen zu primitiven Lungen entwickelt. So konnten sie im niedrigen oder sauerstoffarmen Wasser nach Sauerstoff schnappen. Einige entwickelten stabile, von Knochen verstärkte Flossen, mit denen sie sich, wie heute noch die Lungenfische, auf dem mit Wasserpflanzen dicht bewachsenen Sumpfboden fortbewegen.

Fossilien des Acanthostega, eines Vorläufers der Amphibien, der vor 350 Millionen Jahren lebte, zeigen, dass sich die Flossen im Wasser zu Gliedmaßen entwickelt haben müssen und nicht erst beim Landgang. Die Rekonstruktion seines Skelettes belegt, dass er zwar Gliedmaßen besaß, aber diese den schweren Körper an Land nicht hätten tragen können. Außerdem hatte er Kiemen und keine Lungen. Er war also eindeutig ein Wassertier, bewegte sich aber mit vier Beinen und nicht mit Flossenschlag in den Gewässern.

Rund 60 Millionen Jahre waren die Amphibien die dominierende Wirbeltiergruppe auf der Erde. Obwohl die Tiere den trockenen Lebensraum für sich erobern konnten, waren sie für ihre Fortpflanzung noch auf Wasser angewiesen.

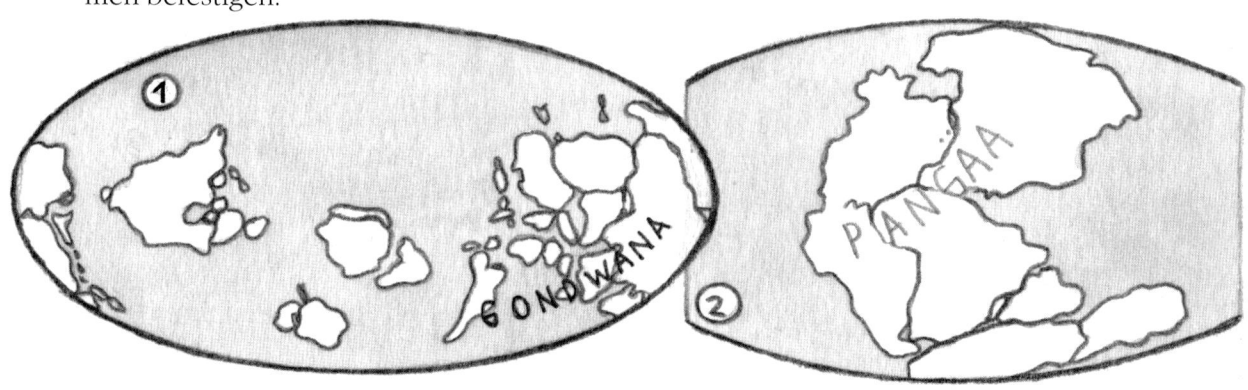

Das große Sterben

Vor 250 Millionen Jahren starben 96 Prozent der Meerestiere und 75 Prozent der Landwirbeltiere aus. Die Ursache war vermutlich wieder ein weltweiter Klimawandel. Der durch die Verschiebung der Kontinentalplatten entstandene Superkontinent Pangäa berührte im Norden und Süden die vereisten Pole. Viele Lebewesen wanderten in Richtung Äquator. Die dort lebenden tropischen Tiere konnten nicht ausweichen und waren vom Massensterben besonders hart betroffen.

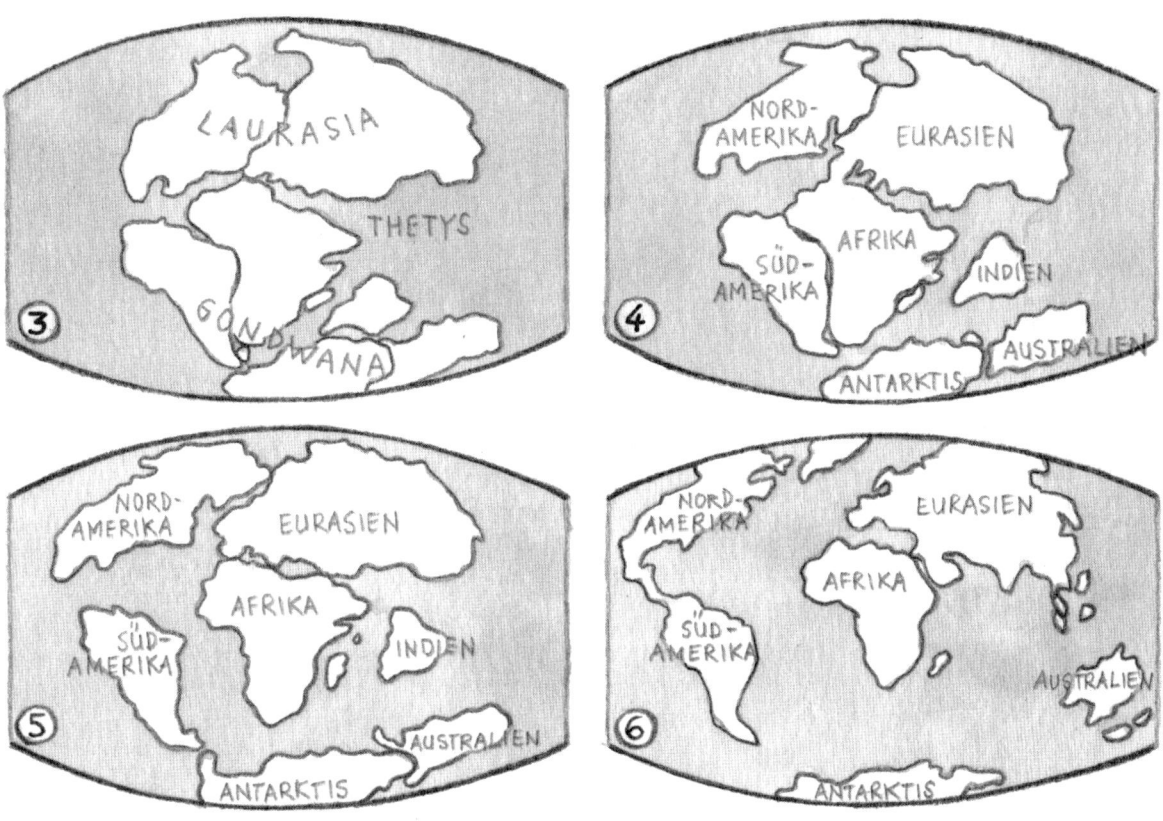

1. Vor 550 Mio. Jahre lag die Landmasse vorwiegend als Urkontinent Gondwana vor.

2. Vor ca. 250 Mio. Jahren waren beide Landmassen zu dem riesigen Kontinent Pangäa zusammengewachsen.

3. Vor ca. 200 Mio. Jahren drifteten die Kontinentalplatten auseinander, der Ozean, die „Tethys", öffnete sich und es entstanden: Laurasia und Gondwana.

4. Vor etwa 135 Mio. Jahren brachen die Kontinentalmassen weiter auseinander.

5. Bis vor 65 Mio. Jahren zerfiel der große Südkontinent und spaltete sich in Südamerika, Afrika, Indien, die Antarktis und Australien.

6. Bis heute bleiben die Kontinentalplatten in Bewegung. Europa und Nordamerika z.B. entfernen sich gegenwärtig voneinander um jährlich zwei Zentimeter.

Die Reptilien

Aus den Amphibien entwickelten sich vor 300 Millionen Jahren die Reptilien. Diese besaßen eine Schuppenhaut und einen Schwanz. Für die Fortpflanzung waren sie nicht mehr auf das Wasser angewiesen. Sie legten Eier mit Schalen oder waren lebendgebärend. Auch ihr Skelett war weiter entwickelt. Ihre Beine waren nicht mehr zur Seite, sondern nach unten abgewinkelt, wodurch sie sich häufig geschickter an Land bewegen konnten als die Amphibien. Bei Schlangen und einigen Echsen sind sie allerdings zurückgebildet oder unterentwickelt. Reptilien sind wechselwarme oder kaltblütige Tiere. Ihre Aktivität ist von der Außentemperatur abhängig. Das bedeutet, dass sie die Sonne brauchen, um ihre Körpertemperatur aufrechtzuerhalten. Zu den Reptilien gehörten auch die Dinosaurier, die vor 65 Millionen Jahren ausstarben.

Der Untergang der Dinosaurier

Die bislang letzte global Katastrophe der Erdgeschichte ereignete sich vor 65 Millionen Jahren. Lange ist über deren Hauptauslöser diskutiert worden. Heute konkurrieren zwei Thesen miteinander. Wie bei den vorangegangenen Katastrophen könnte eine weltweite Abkühlung die Ursache gewesen sein.

Als andere Möglichkeit wird der Einschlag eines gewaltigen Meteoriten in Betracht gezogen. Zu dieser Zeit war der Superkontinent Pangäa längst zerbrochen. Die Kontinentalplatten drifteten auseinander, als ein Meteorit mit einer Geschwindigkeit von 90 000 km/h mit der Erde kollidierte. Anschließende Feuersbrünste vernichteten unzählige Tiere und Pflanzen. Gigantische Staubwolken verdunkelten die Sonne. Die Temperaturen auf der Erde sanken dramatisch, Eis bedeckte ihre Oberfläche Monate, vielleicht sogar Jahre lang. Die bis dahin den Kontinent dominierenden Dinosaurier starben aus. Andere Tiere wie Schildkröten, die ebenfalls zu den Reptilien gehören, überlebten die Katastrophe. Die durch das Ende der Dinosaurier freigewordenen Lebensräume boten den Säugetieren die Chance, sich zu entwickeln und die Herrschaft über die Erde anzutreten.

Die Vögel

Vor etwa 215 Millionen Jahren entstanden die ersten fliegenden Wirbeltiere, die Flugsaurier oder Pterosauria. Vögel und Fledertiere entwickelten ihr Flugvermögen jeweils eigenständig. Vermutlich stammen die heutigen Vögel von kleinen Raubdinosauriern ab. Das bekannteste Bindeglied ist der Archaeopteryx, der „Urflügel". Er besaß gefiederte Flügel wie die heutigen Vögel, aber auch Merkmale der Reptilien. Der Archaeopteryx hatte Kiefer mit Zähnen, eine lange Schwanzwirbelsäule und bekrallte Mittelhandknochen. Heute sind 9800 Vogelarten bekannt. Damit gehören die Vögel zu den artenreichsten Landwirbeltieren.

Sie sind die einzigen fliegenden Tiere, die ein Federkleid besitzen. Weder die ausgestorbenen Flugsaurier noch die Fledertiere hatten ein Federkleid. Federn begünstigen das Fliegen und isolieren gut gegen Wind und Kälte. Außerdem kann das Federkleid prächtig gefärbt sein, um Feinde zu erschrecken oder Partner anzulocken.

Die Beine der Vögel sind mit Schuppen bedeckt. Dies ist ein deutliches Merkmal für ihre verwandtschaftliche Nähe zu den Reptilien. Sie legen Eier wie ihre Vorfahren, die Reptilien. Im Gegensatz zu den Reptilien gibt es allerdings keine lebendgebärende Vogelart. Vögel besitzen einen Schnabel und keine echten Zähne.

Die Mehrheit ist flugfähig. Laufvögel wie Strauß und Kiwi haben sich durch Anpassung an ihre Umwelt aus flugfähigen Vögeln entwickelt, dabei bildeten sich ihre Flügel zurück. Bei den Pinguinen sind sie zu wirkungsvollen Flossen umgestaltet.

Ursäuger und Beuteltiere

Die einzigen überlebenden Vertreter der Ursäuger sind die Kloakentiere, die nur noch in Australien und Neuguinea leben. Sie unterscheiden sich von den Beuteltieren und den Höheren Säugetieren dadurch, dass sie nicht lebendgebärend sind, sondern Eier legen. Zu den Kloakentieren gehören das berühmte Schnabeltier und die Ameisenigel.

Beuteltiere oder Beutelsäuger sind nur in Australien und auf dem amerikanischen Kontinent beheimatet. Den Namen bekamen sie wegen der mus-kulösen Hauttasche, welche die Zitzen bedeckt. Die meisten Beuteltiere besitzen keine echte Plazenta (Mutterkuchen) und bringen nicht vollständig entwickelte, embryonale Junge zur Welt. Diese finden den beschwerlichen Weg zum Beutel über ihren Geruchsinn. Dort saugen sie sich an der Zitze fest. Die Beutelzeit kann bis zu neun Monate dauern.

Besonders bekannte Beuteltiere sind das Opossum aus Amerika und die australischen Kängurus und Koalas.

SCHNABELTIER

OPOSSUM

Die Säugetiere

Die ersten Säugetiere entstanden vor mehr als 200 Millionen Jahren und stammen von der damals dominierenden Reptiliengruppe, den Therapsiden, ab, die bereits typische Säugetiermerkmale besaßen. Sie hatten ein differenziertes Gebiss mit Schneide-, Eck- und Backenzähnen. Unter den Therapsiden gab es sowohl spezialisierte Pflanzenfresser, als auch Fleisch- und Allesfresser. Ihre Beine waren nicht wie bei anderen Reptilien seitlich angeordnet, sondern etwa senkrecht unterhalb des Rump-fes. Ihr Größenspektrum reichte von nagetier- und hundeartigen Formen bis hin zu Tieren von der Größe eines Flusspferdes.

Die Unterscheidung der Säugetiere von säugerähnlichen Reptilien anhand von Fossilien ist nicht immer eindeutig, da Säuger neben ihren Zähnen hauptsächlich durch Weichteile und die in der Regel nicht nachweisbaren Haare charakterisiert sind. Zwar verzeichneten die Säugetiere während der Blütezeit der Dinosaurier keine große Artenvielfalt, bestimmte Formen hat es aber bereits zu dieser Zeit gegeben. Damals legten sie den Grundstein für den späteren Erfolg der Säugetiere. Sie erhöhten ihre Körpertemperatur und entwickelten ein leistungsfähiges Blutgefäßsystem. Die längere Abhängigkeit der Jungen von den Elterntieren ermöglichte ihnen zudem eine längere Lernzeit und schützte sie vor Fressfeinden.

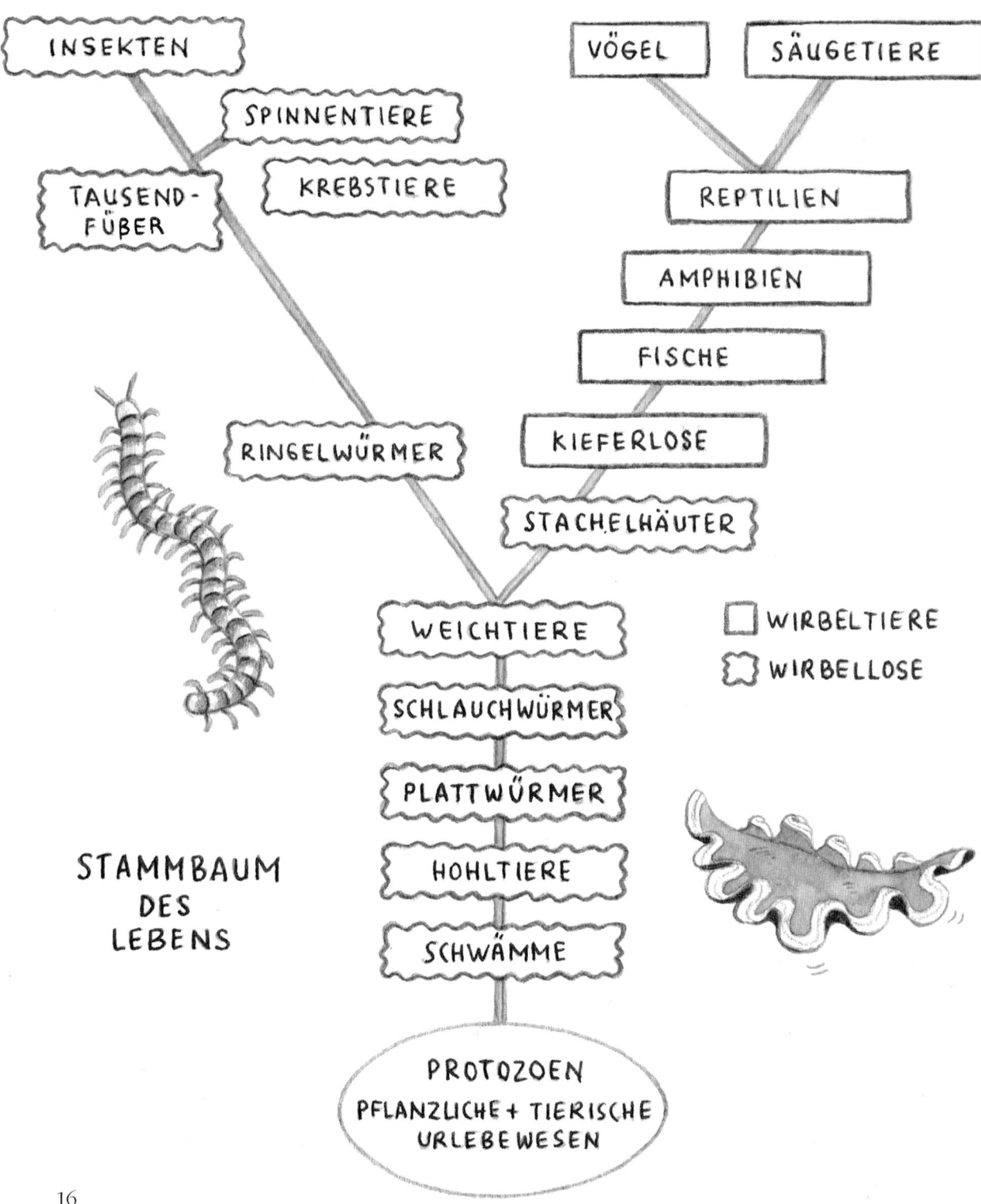

INSEKTEN

SPINNENTIERE

TAUSEND-FÜßER

KREBSTIERE

VÖGEL

SÄUGETIERE

REPTILIEN

AMPHIBIEN

FISCHE

KIEFERLOSE

RINGELWÜRMER

STACHELHÄUTER

WEICHTIERE

☐ WIRBELTIERE
〰 WIRBELLOSE

SCHLAUCHWÜRMER

PLATTWÜRMER

STAMMBAUM
DES
LEBENS

HOHLTIERE

SCHWÄMME

PROTOZOEN
PFLANZLICHE + TIERISCHE
URLEBEWESEN

Nach dem Aussterben der Dinosaurier vor 65 Millionen Jahren wurden die Säugetiere artenreicher und ihre Körpergröße nahm enorm zu. Ob dieser Entwicklungsschub in Zusammenhang mit dem Aussterben der Dinosaurier steht, wird neuerdings in Frage gestellt.

Neue Forschungsergebnisse der Molekularbiologie zeigen, dass die Vielfalt der Säugetiere 15 Millionen Jahre nach dem Aussterben der Dinosaurier, also erst vor 50 Millionen Jahren, eingetreten ist. Wodurch die beiden Schübe ausgelöst wurde, ist bislang nicht bekannt. Vermutlich hängt dies mit einem Klimawandel zusammen.

Vor 100 bis 75 Millionen Jahren erlebte die Erde eine Kältephase, in der die Vielfalt der Grünpflanzen zunahm. Vor 50 Millionen Jahren dagegen gab es auf der Erde eine Wärmephase. Die Biotope änderten sich und lösten höchstwahrscheinlich diesen Entwicklungsschub aus. Dennoch wird das Ende der Herrschaft von Dinosauriern und anderen Reptilien indirekt, durch das Freiwerden ökologischer Nischen, die spätere Vielfalt der Säugetiere begünstigt haben.

Säugetiere sind in drei Gruppen unterteilt. Die Eierlegenden Ursäuger (Protheria), die Beutelsäuger (Metatheria) und die Höheren Säugetiere oder Plazentatiere (Eutheria), zu denen auch wir Menschen zählen.

Anpassung

Jedes Lebewesen benötigt einen bestimmten Lebensraum (Habitat). Lebensräume bieten Nahrung, Wasser und einen Unterschlupf, alles Dinge, die eine Tierart zum Überleben braucht. Ebenso wichtig ist die körperliche Beschaffenheit jeder Art. Sie ermöglicht es, die Nahrung zu finden, sich vor Fressfeinden durch Tarnung oder Abwehr zu schützen, einen Partner anzulocken und einen Unterschlupf für sich und die Nachkommen zu bauen. Diese körperliche, auf die Umwelt abgestimmte Beschaffenheit wird als „Anpassung" bezeichnet. Die Anpassung erfolgt nicht im Laufe des Lebens eines Individuums. Sie entwickelt sich über viele Generationen.

Durch eine natürliche Auslese setzen sich die Tiere einer Art durch, die sich am besten an ihre Umwelt assimilieren konnten. Es kann die Weiterentwicklung des Skelettes als Anpassung an ein Leben im Wasser, ein Leben auf dem Land oder ein Leben in der Luft sein, die Form des Schnabels oder die Spezialisierung des Gebisses, die Anzahl der Zehen, die Farbe und die Dichte des Fells, die Größe und die Position der Augen, der Nase und der Ohren. All dies sind Anpassungen an ein bestimmtes Ernährungssystem. Aber nicht nur die körperliche Beschaffenheit, auch das Verhalten spielt eine große Rolle. Ein gut angeglichenes Verhalten ist bei der Beutejagd, bei der Flucht oder bei der Abwehr von Feinden sehr wichtig. Auch das Paarungs- und das Sozialverhalten innerhalb einer Gruppe sind für das Überleben der Art sehr wichtig.

Bei der Fortpflanzung werden die Gene (Erbinformationen) über Generationen weitervererbt. Durch Mutationen (zufällige Veränderung des Erbguts) können neue äußerliche Erscheinungen hervortreten, welche die Selektion einer neu entstehenden Art begünstigen. Verändert sich die Umwelt, setzen sich diejenigen Tiere durch, die am besten an die neue Situation angepasst sind.

Tiere klassifizieren

Material: Tierzeitschriften und -bücher, Kopierer, Schere, leere Wand oder Pinnwand, Heftzwecken bzw. Magnetwand und Magnete

Alter: ab 4 Jahren

Die Kinder suchen in alten Zeitschriften und Tierbüchern Bilder von Insekten, Spinnentieren und Wirbeltieren, schneiden sie aus oder kopieren sie. Dann befestigen sie die Tierbilder unterteilt in „Tiere ohne Knochen" (Invertebraten) und „Tiere mit Knochen" (Vertebraten) an der Wand. Anschließend lernen sie die Unterschiede zwischen den Tierklassen kennen.

Tiere ohne Knochen (Wirbellose)

- **Spinnentiere** haben acht Beine. Ihr Körper besteht aus Kopfbrustteil und Hinterleib.
  Beispiele: Skorpione und Spinnen.
- **Insekten** haben sechs Beine. Der Körper ist in Kopf, Brust und Hinterleib gegliedert.
  Beispiele: Fliegen, Bienen, Wespen.

Tiere mit Knochen

- **Fische** haben Schuppen; atmen mit Kiemen; legen (laichen) ihre Eier im Wasser ab; sind wechselwarme Tiere (Kaltblüter); die erwachsenen Tiere leben im Wasser.
- **Amphibien** haben eine glatte, schleimige Haut; legen ihre Eier (ohne Schale) im Wasser ab, damit sie nicht austrocknen; die Jungen (Kaulquappen) leben im Wasser und atmen mit Kiemen; sie sind wechselwarme Tiere; erwachsene Amphibien leben im Wasser und auf dem Festland, z. B. Frösche, Molche, Kröten.
- **Reptilien** haben eine schuppige Haut; atmen mit der Lunge; legen Eier mit Schale oder sind lebendgebärend; erwachsene Tiere leben auf dem Festland; sie sind wechselwarm, z. B. Schlangen, Echsen, Schildkröten.
- **Vögel** haben Federn und schuppige Beine; atmen mit der Lunge; besitzen Flügel; ihr Körper hält sich selbst warm; sie legen Eier mit Schale; erwachsene Tiere leben auf dem Festland und fliegen in der Luft; sie sind gleichwarme Tiere (Warmblüter).
- **Säugetiere** haben ein Fell; atmen mit der Lunge; säugen ihre Kinder mit Milch; ihr Körper hält sich selbst warm; sie sind lebendgebärend, lediglich das Schnabeltier legt Eier; leben auf dem Festland, manche im Wasser; Fledermäuse können fliegen; sie sind gleichwarm (Warmblüter).

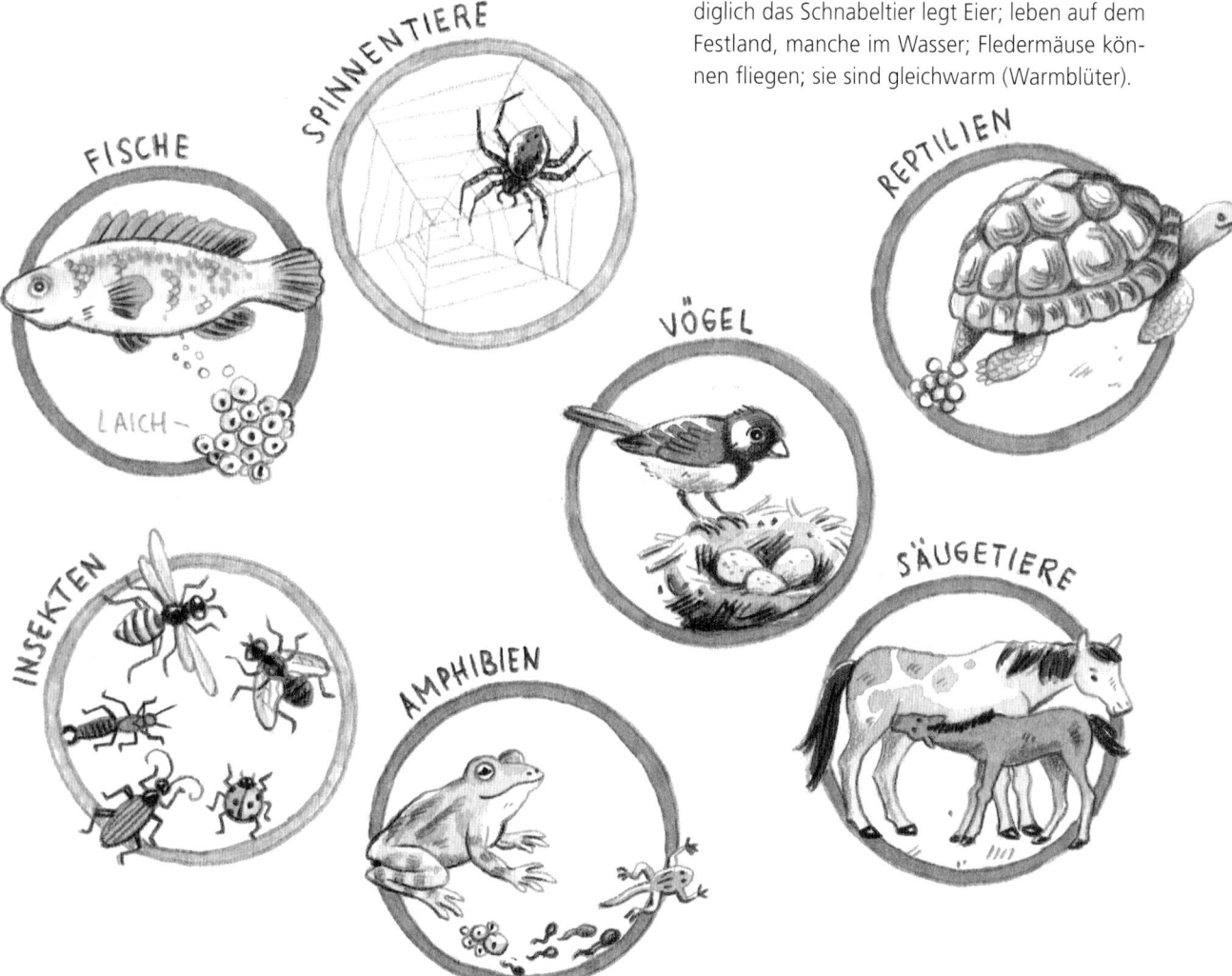

Wechselwarm oder gleichwarm?

Insekten, Fische, Amphibien und Reptilien sind **wechselwarme** *Tiere. Ihr Körper kann sich nicht selbst aufwärmen. Ist es draußen kalt, bleibt der Körper ebenfalls kalt. Die Tiere sind bei Kälte meist nicht aktiv, bewegen sich kaum und brauchen dann wenig Nahrung.*

Wird es in ihrer Umgebung wärmer, erwärmt sich auch ihr Körper und die Tiere werden aktiv. Sie bewegen sich schneller, suchen häufiger nach Nahrung. Der Körper von wechselwarmen Tieren ist also abhängig von der Sonne und der sie umgebenden Temperatur.

Säugetiere und Vögel sind **gleichwarme** *Tiere. Bei ihnen spielt es keine so große Rolle, ob die Sonne scheint oder nicht. Vögel und Säugetiere erzeugen in ihrem Körper die Wärme selbst. Um ihren Körper zu erwärmen, müssen sie allerdings wesentlich mehr Nahrung zu sich nehmen als wechselwarme Tiere. Hat der Körper nicht genügend Nahrung bekommen, meldet er sich mit einem Hunger- oder Kältegefühl. Viele Säugetiere halten eine Winterruhe, da sie in der kalten Jahreszeit nicht genug Nahrung finden. Aber sie schlafen nicht wirklich, sondern dösen nur.*

Alter: ab 6 Jahren

Die Spielleitung erklärt den Kindern den Unterschied zwischen wechselwarm und gleichwarm. Menschen gehören zu den Säugern, sind also gleichwarm. Sobald alle mit den Unterschieden vertraut sind, sucht sich das erste Kind eine Tierart aus und fragt ein anderes Kind:

„Der Fuchs – ist er wechselwarm oder gleichwarm?" Weiß das gefragte Kind die Antwort, darf es als nächstes eine Frage stellen. Kann es die Frage nicht richtig beantworten, ist das erste Kind noch einmal an der Reihe.

Artenvielfalt und eine neue Katastrophe

Von der Spitzmaus bis zum Elefant – die Säuger hatten eine immense Artenvielfalt entwickelt, als vor vier Millionen Jahren die ersten Menschen die Bühne des Lebens betraten. In der Geschichte des Planeten Erde ist der Homo sapiens (der moderne Mensch) somit noch immer ein Neuling. Doch hat er sich mit rasanter Geschwindigkeit über alle Kontinente und Klimazonen ausgebreitet. Er engt den Lebensraum für Tiere und Pflanzen ein, verbraucht unvorstellbar viel Land und Wasser für seine eigenen Bedürfnisse. Diese Dominanz einer Art sorgt dafür, dass wir heute am Beginn einer weiteren großen Aussterbewelle unter den Tieren und Pflanzen stehen. Zum ersten Mal in der Erdgeschichte ist eine einzige Art für die kommende Katastrophe verantwortlich. Die Roten Listen der vom Aussterben bedrohten Tier- und Pflanzenarten werden jedes Jahr länger. Den Niedergang einer Tierart können wir mittlerweile in der kurzen Lebensspanne eines Menschen beobachten. Noch vor wenigen Jahren war der Eisbär zwar selten, aber nicht ernsthaft in seiner Existenz bedroht. Der moderne Klimawandel verschärft die ohnehin gewaltigen Probleme der Zerstörung von Lebensraum für Tier- und Pflanzenarten durch den Menschen. Und so ist es durchaus wahrscheinlich, dass der Eisbär in wenigen Jahrzehnten nur noch in Zoos überleben wird. Es wäre schön, wenn das derzeitig sehr große Medieninteresse an Eisbärbabys auch den frei lebenden Eisbären der arktischen Wildnis zugute käme, die dem vom Menschen verursachten Klimawandel zum Opfer fallen.

Evolutionsspiel

Die Spielleitung erklärt den Kindern mit einfachen Worten die Evolutionsgeschichte vom Bakterium bis zu den Säugetieren (→ S. 16, „Stammbaum des Lebens"). Anschließend malen die Kinder die Entwicklungsgeschichte. Die fertigen Bilder hängen sie chronologisch auf, damit die Evolution nachvollziehbar wird.

Material: Kreide, Steinchen
Alter: ab 4 Jahren

Das folgende Spiel ist vereinfacht und beginnt mit der Entstehung der Fische:
Mit der Kreide einen Hinkelkasten mit fünf Feldern auf den Boden zeichnen. In das erste Feld einen **Fisch** zeichnen, in das zweite ein **Amphibium** (z. B. Frosch) und in das dritte ein **Reptil** (z. B. Krokodil). Die nächsten beiden Felder über die anderen zeichnen, links ein bekanntes **Säugetier**, rechts einen **Vogel**.
Mit den Kindern die Felder ablaufen und die Reihenfolge der Entwicklung und damit der Spielfelder erklären: *Zuerst gab es Fische, danach die Amphibien und dann die Reptilien. Vögel und Säugetiere haben sich etwa zur gleichen Zeit aus den Reptilien entwickelt, deshalb stehen die Felder 4 und 5 nebeneinander.*

Die Kinder kommen nacheinander an die Reihe. Das erste wirft den Stein in das erste Feld und sagt: „Zuerst gab es die Fische." Dann ruft es den Namen eines Fisches, den es kennt (z. B. Forelle), hüpft auf einem Bein in das zweite Feld, ins dritte, landet mit beiden Füßen in Feld 4 und 5, springt in die Luft, dreht sich dabei und landet wieder mit beiden Füßen in den Feldern 4 und 5. Dann hinkelt es in Feld 3, 2, hebt den Stein auf und überspringt die 1.

Jetzt wirft es den Stein ins zweite Feld und sagt: „Nach den Fischen gab es die Amphibien" und nennt den Namen eines Amphibiums (z. B. Frosch). Es hinkelt in Feld 1, überspringt Feld 2, hinkelt weiter wie oben beschrieben und hebt den Stein auf dem Rückweg auf, hinkelt von 3 auf 1, ohne das 2. Feld zu berühren. Auf die gleiche Art und Weise wird der Stein ins dritte Feld geworfen, der Name eines Reptils gerufen, das dritte Feld beim Hinkeln übersprungen und auf dem Rückweg der Stein mitgenommen.

Bei Feld 4 und 5 variiert das Spiel. Der Stein wird entweder in Feld 4 oder 5 geworfen und ein entsprechendes Tier genannt. Das Kind hinkelt über die Felder 1, 2 und 3, landet dann mit beiden Füßen in dem Feld ohne Stein, hebt den Stein auf und hinkelt zurück.

Verfehlt es das Feld beim Steinwurf, ist das nächste Kind an der Reihe. Trifft es, darf es weiterspielen, wenn ihm zum entsprechenden Feld eine passende Tierart einfällt. So geht das Spiel weiter, bis alle Kinder alle Felder übersprungen haben. Das Kind siegt, das als erstes alle Felder übersprungen hat.

Weißt du, wo die Tiere leben?

(T. & M.: Pit Budde)

Weißt du, wo die Tie-re le-ben? Wo gibt's die wil-den Tie-re zu se-hen? „Na klar", sagst du, „bei uns im Zoo!" Doch ei-gent-lich le-ben sie an-ders-wo.

Lö-we, Ge-pard, Hy-ä-ne, Go-ril-la, Zeb-ra, Nil-pferd, Nas-horn, Gi-raf-fe, Ku-du, O-ka-pi, Gnu, An-ti-lo-pe, Ser-val, Schim-pan-se, Co-lo-bus-Af-fe.

Kennst du die Ant-wort, dann ruf schnell: „Ja! Sie al-le le-ben in A-fri-ka!"

Weißt du, wo die Tiere leben?
Wo gibt's die wilden Tiere zu sehen?
„Na klar", sagst du, „bei uns im Zoo!"
Doch eigentlich leben sie anderswo.

1. Löwe, Gepard, Hyäne, Gorilla,
Zebra, Nilpferd, Nashorn, Giraffe,
Kudu, Okapi, Gnu, Antilope,
Serval, Schimpanse, Colobus-Affe.
Kennst du die Antwort, dann ruf schnell:
„Ja! Sie alle leben in Afrika!"

Weißt du, wo die Tiere leben? ...

2. Schneeziege, Puma, Big Horn Schaf,
Bison, Opossum und der Schwarzbär,
Grizzly, Coyote, Gabelbock,
Wapiti, Karibu und der Waschbär.
Kennst du die Antwort, dann ruf schnell:
„Ja! Sie alle leben in Amerika!"

Weißt du, wo die Tiere leben? ...

3. Kookaburra, Dingo, Schnabeltier,
Emu, Nasenbeutler, Kakadu,
Bilby, Koala, Beutelwolf,
Beutelmaus, Wombat und das Känguru.
Rätst du, wo alle zuhause sind?
„In Australien, das weiß doch jedes Kind!"

Weißt du, wo die Tiere leben? ...

4. Eichhörnchen, Hase und der Braunbär,
Wildschwein, Mufflon, Dachs und Fuchs,
Rentier, Otter, Hirsch und Reh,
Biber, Steinbock, Elch und Luchs.
Kennst du die Antwort? „Ist doch klar.
Sie alle leben in Europa!"

Die Tierwelt Europas

Hallo, mein Name ist Philip Fuchs. Ich lebe wie du in Europa, dem zweitkleinsten Kontinent der Erde. Europa war, so heißt es in einer alten griechischen Sage, eine sehr schöne Prinzessin, in die sich der Göttervater Zeus verliebte. Zeus wollte Europa gerne kennen lernen. Da er wusste, dass Europa Tiere mag, verwandelte er sich in einen Stier. Europa fand den Stier wunderschön und kletterte auf seinen Rücken. Der Stier, der ja eigentlich Zeus war, entführte Europa dann in einen Erdteil, dem er anschließend den Namen der schönen Prinzessin gab.

Jetzt weißt du, wie unser Kontinent seinen Namen bekam. Nun bin ich ja kein Stier, sondern ein Fuchs, und wahrscheinlich hast du mich bis jetzt nur auf Fotos, Bildern oder in Filmen gesehen. Das berühmte Lied über mich, „Fuchs, du hast die Gans gestohlen", hast du sicher schon einmal gehört. Auch wenn du mich nicht siehst, lebe ich doch in deiner Nähe. Ich kann mich eben gut verstecken und bin meist nachts unterwegs, wenn du längst schläfst.

Doch ich wollte dir etwas über unseren gemeinsamen Erdteil „Europa" erzählen.

Vor vielen Tausenden und Millionen Jahren gab es in Europa mindestens vier Eiszeiten, die große Teile unseres Kontinentes immer wieder mit Eis und Schnee bedeckten. In den wärmeren Zwischenzeiten mussten sich die Tiere und Pflanzen die vorher verloren gegangenen Gebiete mühsam wieder zurückerobern.

Heute gibt es viele unterschiedliche Lebensräume, von den warmen Mittelmeerregionen bis zur arktischen Tundra, einer baumlosen Kältewüste im hohen Norden, dazwischen Laubwälder, Nadelwälder, Gebirge und Steppen. Durch die vielen Inseln und Halbinseln besitzt Europa, obwohl es klein ist, die längste Küstenlinie von allen Erdteilen. Viele Tiere, vor allem Vögel, haben dort ihre Heimat.

Leider sind mittlerweile viele Tierarten in Europa selten geworden. Das liegt daran, dass so viele Menschen in Europa leben. Sie brauchen Platz, holzen Wälder ab und legen Feuchtgebiete trocken. Sie haben sich so viel Land genommen, dass für uns wilden Tiere nur wenig übrig geblieben ist. Wo sollen wir uns verstecken, Nahrung finden und unsere Jungen großziehen?

Es gibt aber auch Menschen, die uns beschützen wollen. Viele Tiere haben sie auf die Rote Liste gefährdeter Tierarten gesetzt. Dadurch ist es verboten, uns zu jagen oder unsere Wälder, Wiesen, Flüsse und Berge zu zerstören. Das hilft uns sehr. Viele Tiere wie Bär, Wolf, Luchs, Adler, Geier, aber auch Laubfrösche und andere Lebewesen freuen sich darüber.

EUROPA

Bruno der Bär

Nr. 7
(T.: Pit Budde / M.: trad.)

Die Rückwanderung von wilden Tieren in ihre frühere Heimat wird von den dort lebenden Menschen oftmals nicht gerne gesehen. Es gibt starke Vorbehalte z. B. gegen den Kormoran, den Wolf und vor allem gegen den Bären. Vielleicht kannst du dich an die Geschichte von Bruno erinnern, den Braunbären, der im Mai 2006 durch die bayrischen Alpen wanderte. Am 26. Juni 2006 wurde er dort von Jägern erschossen.

1. Als Bruno jüngst spazieren ging,
lauf, Bruno, lauf,
die Dunkelheit den Berg umfing.
Lauf, Bruno, lauf, Bruno, lauf, lauf, lauf,
mein lieber Bruno, guter Bruno, lauf, lauf,
lauf, mein lieber Bruno, lauf. Mein lieber
Bruno, lauf.

2. Er legt sich auf die faule Haut, lauf, Bruno, lauf, so lange bis der Morgen graut.
Lauf, Bruno, lauf, Bruno, lauf, lauf, lauf, ...

3. Dann sucht er sich viel bunte Beeren,
lauf, Bruno, lauf, die schmecken selbst
dem dicksten Bären.
Lauf, Bruno, lauf, Bruno, lauf, lauf, lauf, ...

4. Dann findet er 'nen Honigtopf, lauf, Bruno, lauf, rühr den nicht an, du armer Tropf.
Lauf, Bruno, lauf, Bruno, lauf, lauf, lauf, ...

5. Als Bruno dann den Honig schleckt,
lauf, Bruno, lauf,
da hat der Jäger ihn entdeckt.
Lauf, Bruno, lauf, Bruno, lauf, lauf, lauf, ...

6. Und die Moral von der Geschicht', lauf,
Bruno, lauf, als Bär trau ja dem Jäger nicht!
Lauf, Bruno, lauf, Bruno, lauf, lauf, lauf, ...

7. Jetzt warten wir schon manches Jahr,
lauf, Bruno, lauf,
auf einen neuen Alpenbär.
Komm, Bruno, komm, Bruno, komm,
komm, komm, und bring noch ein paar
andre braune Bären mit.
Mein lieber Bruno, komm. Mein lieber Bruno, komm.

STECKBRIEF: Braunbär

❞ Hallo, mein Name ist Ursus arctos. Ich bin ein Braunbär. Du hast mich sicher schon mal im Zoo gesehen. Ich bin groß und kräftig, habe runde Ohren und einen Stummelschwanz. Schau mal, ob dein Teddybär auch so eine hervorstehende Schnauze hat wie ich. Meine Augen, meine Ohren und meine Nase sind sehr gut entwickelt. Aus den Augenwinkeln kann ich noch kleinste Bewegungen wahrnehmen. Durch meinen feinen Geruchssinn rieche ich Nahrung aus großer Entfernung. Geräusche und menschliche Stimmen höre ich schon von Weitem. Den Menschen gehe ich aus dem Weg. Gefährlich wird eine Bärenmutter nur, wenn du zu nah an ihre Jungen gerätst. Nur wenn ich mich bedroht fühle, greife ich Menschen an.

Ich lebe gern in offenen Landschaften wie der Tundra, auf Bergwiesen, in Gebirgswäldern und in Küstenregionen. Früher war ich überall in Europa, in Nordamerika, Nordafrika und in Asien zuhause. Aber die Menschen haben mich verfolgt und gejagt. Fast überall leben heute so viele Menschen, da ist meist kein Platz mehr für mich. Neuerdings stehe ich unter Schutz, man darf mich nicht mehr abschießen. Trotzdem haben die Menschen immer noch Angst vor mir.

Ich bin ein Allesfresser und mag gerne Gräser, Knollen, Nüsse, Pilze, Blüten, Beeren und Insekten, aber auch kleine und große Säugetiere wie Lemminge, Elche, Rentiere und Hirsche. Meine Lieblingsspeise ist der Lachs. Den bekomme ich aber nur, wenn ein Fluss in der Nähe ist.

Meine nächsten Verwandten sind der Eisbär, der Malaienbär, der Lippenbär und der Amerikanische Schwarzbär. Im Winter ruhe ich mich aus, denn da würde ich nicht genügend Nahrung finden. Aber ich halte keinen richtigen Winterschlaf, wie manche von euch denken, sondern eine Winterruhe, aus der ich, wenn ich Hunger bekomme, schnell aufwache.

Übrigens gibt es viele verschiedene Braunbären. Neben dem Europäischen Braunbären noch den Kodiakbär, den Syrischen Braunbär, den Grizzly Bär und noch manche andere. Welche Bären gibt es im Zoo in deiner Nähe? ❞

Wissenswertes über den Braunbär

Der Braunbär ist ein Raubtier. Er gehört zu den Großbären.

- hat einen großen Kopf, abgerundete, abstehende Ohren und einen kräftigen Körper.
- ernährt sich von Pflanzen, Insekten sowie kleinen und großen Säugetieren und Fisch.
- ist ein Einzelgänger. Nur zur Paarung trifft er sich mit seinem Partner.
- hält keinen Winterschlaf, sondern eine Winterruhe.

Kannst du den Steckbrief vervollständigen?

Ist mein Teddy ein Braunbär?

Material: pro Kind 1 Teddybär
Alter: ab 4 Jahren

Beim Zoobesuch oder dem Besuch eines Naturkundemuseums nimmt jedes Kind einen Teddybären mit. Am Bärengehege, Käfig oder vor der Vitrine vergleichen sie ihren Teddy mit dem echten Braunbären. Der Bär hat kleine abgerundete Ohren, einen Stummelschwanz und eine lange Schnauze. Die allermeisten Teddys ähneln eher einem Koala, als einem Braunbären. Dabei ist der Koala ein Beuteltier und kein Bär.

Wie der Teddybär
zu seinem Namen kam

(USA)

Vor vielen, vielen Jahren gab es einen amerikanischen Präsidenten mit dem Namen Theodore Roosevelt. Der Präsident ging gerne in die Natur, um wilde Tiere zu beobachten, aber auch um sie zu jagen. Eines Tages war er auf Bärenjagd. Für den Präsidenten der Vereinigten Staaten von Amerika wurde die Jagd gut vorbereitet. Trotzdem konnte er keinen Bären finden. Alle seine Begleiter befürchteten, nach einer erfolglosen Jagd würden sich die Menschen über ihn lustig machen. Doch dann fanden seine Hunde wirklich einen alten Bären. Sie verfolgten ihn, bis er vor Erschöpfung nicht mehr laufen konnte. Die Hunde stürzten sich auf den Bären und die Jagdhelfer fesselten ihn. Dann sagten sie zum Präsidenten, jetzt solle er den Bären endlich erschießen. Doch Theodor Roosevelt, der Präsident, sagte einfach: „Nein, ich erschieße keinen alten Bären. Quält ihn nicht und lasst ihn frei!"

Seit diesem Tag denken die Menschen immer an diesen Bären, wenn sie über Theodor Roosevelt sprechen. Der Spitzname des Präsidenten war übrigens Teddy. Als dann Margarete Steiff die ersten Stofftiere in Form eines Bären nähte, gaben die Menschen ihnen den Spitznamen Theodore Roosevelts und nannten sie Teddy. Seitdem heißen alle Stofftierbären Teddybären.

Wettlauf der Bären

Bären können sich zwar aufrichten, um einen besseren Überblick zu bekommen, laufen müssen sie allerdings auf allen Vieren.

Alter: ab 4 Jahren

Die jungen Bären wollen ausprobieren, wer am schnellsten laufen kann. Sie suchen sich einen Startpunkt und ein Ziel, das etwa 20 m entfernt ist. Eine Wiese, der Strand oder die Turnhalle sind bestens dafür geeignet. Eine Gruppe von kleinen Bären hockt sich am Startpunkt auf Hände und Füße. Nach dem Startsignal laufen sie los. Dabei muss der rechte Fuß zeitgleich mit der rechten Hand, der linke Fuß zeitgleich mit der linken Hand bewegt werden, denn genau so laufen Bären. Diese Gangart bezeichnet man als Passgang. Wer dies besonders gut kann, schaukelt beim Laufen noch mit dem Kopf hin und her.

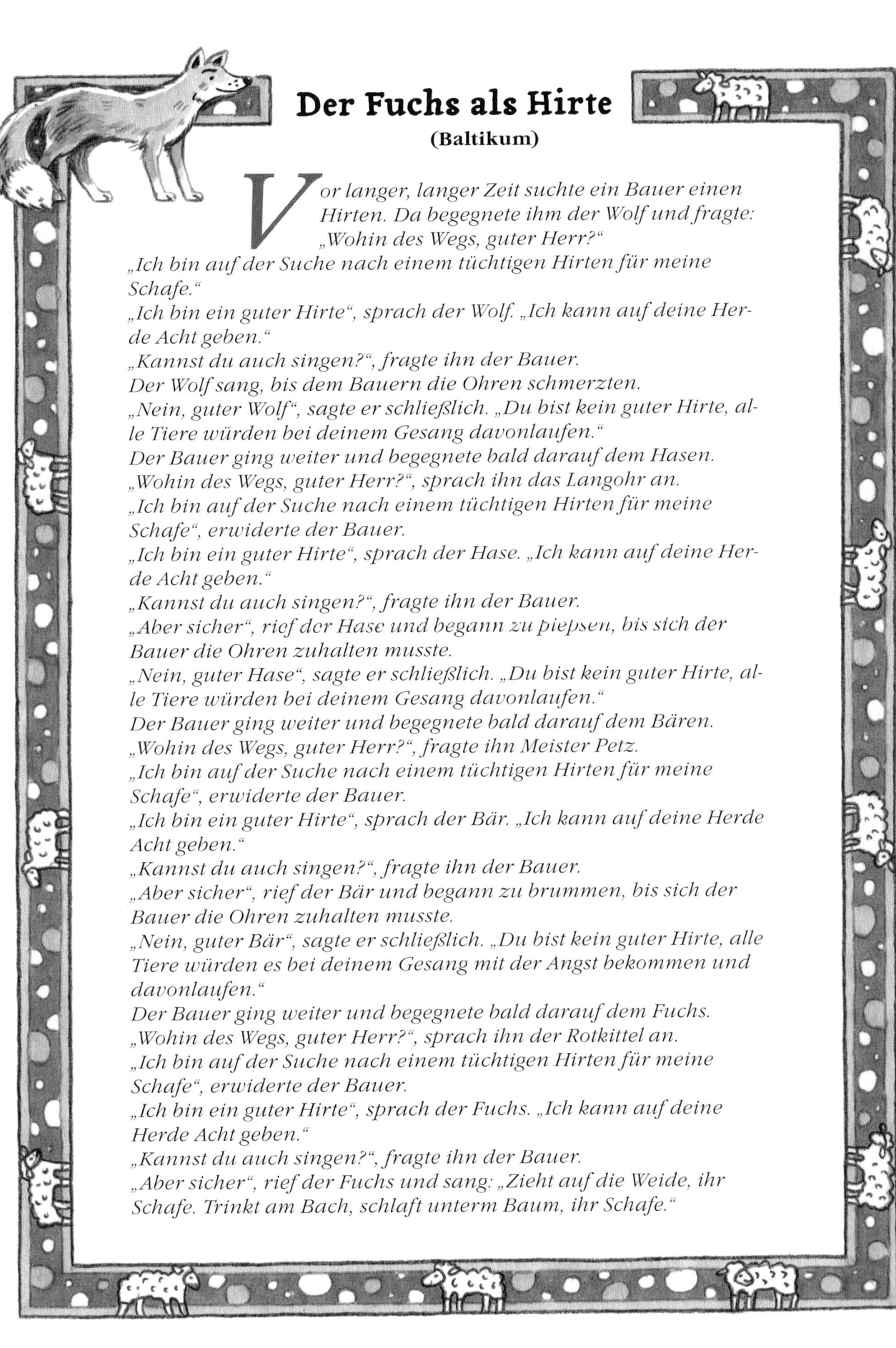

Der Fuchs als Hirte

(Baltikum)

Vor langer, langer Zeit suchte ein Bauer einen Hirten. Da begegnete ihm der Wolf und fragte: „Wohin des Wegs, guter Herr?"

„Ich bin auf der Suche nach einem tüchtigen Hirten für meine Schafe."

„Ich bin ein guter Hirte", sprach der Wolf. „Ich kann auf deine Herde Acht geben."

„Kannst du auch singen?", fragte ihn der Bauer.

Der Wolf sang, bis dem Bauern die Ohren schmerzten.

„Nein, guter Wolf", sagte er schließlich. „Du bist kein guter Hirte, alle Tiere würden bei deinem Gesang davonlaufen."

Der Bauer ging weiter und begegnete bald darauf dem Hasen.

„Wohin des Wegs, guter Herr?", sprach ihn das Langohr an.

„Ich bin auf der Suche nach einem tüchtigen Hirten für meine Schafe", erwiderte der Bauer.

„Ich bin ein guter Hirte", sprach der Hase. „Ich kann auf deine Herde Acht geben."

„Kannst du auch singen?", fragte ihn der Bauer.

„Aber sicher", rief der Hase und begann zu piepsen, bis sich der Bauer die Ohren zuhalten musste.

„Nein, guter Hase", sagte er schließlich. „Du bist kein guter Hirte, alle Tiere würden bei deinem Gesang davonlaufen."

Der Bauer ging weiter und begegnete bald darauf dem Bären.

„Wohin des Wegs, guter Herr?", fragte ihn Meister Petz.

„Ich bin auf der Suche nach einem tüchtigen Hirten für meine Schafe", erwiderte der Bauer.

„Ich bin ein guter Hirte", sprach der Bär. „Ich kann auf deine Herde Acht geben."

„Kannst du auch singen?", fragte ihn der Bauer.

„Aber sicher", rief der Bär und begann zu brummen, bis sich der Bauer die Ohren zuhalten musste.

„Nein, guter Bär", sagte er schließlich. „Du bist kein guter Hirte, alle Tiere würden es bei deinem Gesang mit der Angst bekommen und davonlaufen."

Der Bauer ging weiter und begegnete bald darauf dem Fuchs.

„Wohin des Wegs, guter Herr?", sprach ihn der Rotkittel an.

„Ich bin auf der Suche nach einem tüchtigen Hirten für meine Schafe", erwiderte der Bauer.

„Ich bin ein guter Hirte", sprach der Fuchs. „Ich kann auf deine Herde Acht geben."

„Kannst du auch singen?", fragte ihn der Bauer.

„Aber sicher", rief der Fuchs und sang: „Zieht auf die Weide, ihr Schafe. Trinkt am Bach, schlaft unterm Baum, ihr Schafe."

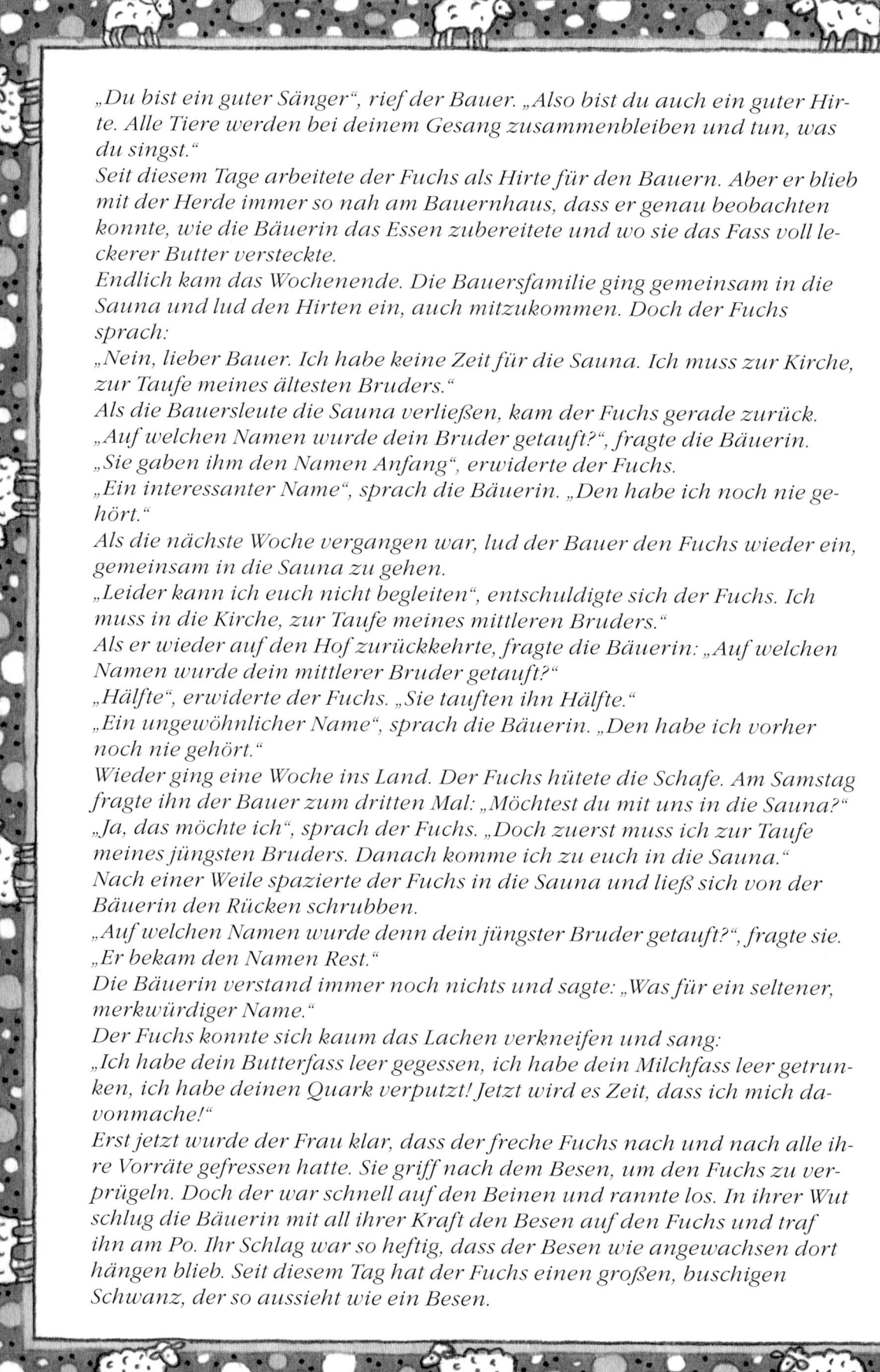

„Du bist ein guter Sänger", rief der Bauer. „Also bist du auch ein guter Hirte. Alle Tiere werden bei deinem Gesang zusammenbleiben und tun, was du singst."

Seit diesem Tage arbeitete der Fuchs als Hirte für den Bauern. Aber er blieb mit der Herde immer so nah am Bauernhaus, dass er genau beobachten konnte, wie die Bäuerin das Essen zubereitete und wo sie das Fass voll leckerer Butter versteckte.

Endlich kam das Wochenende. Die Bauersfamilie ging gemeinsam in die Sauna und lud den Hirten ein, auch mitzukommen. Doch der Fuchs sprach:

„Nein, lieber Bauer. Ich habe keine Zeit für die Sauna. Ich muss zur Kirche, zur Taufe meines ältesten Bruders."

Als die Bauersleute die Sauna verließen, kam der Fuchs gerade zurück.

„Auf welchen Namen wurde dein Bruder getauft?", fragte die Bäuerin.

„Sie gaben ihm den Namen Anfang", erwiderte der Fuchs.

„Ein interessanter Name", sprach die Bäuerin. „Den habe ich noch nie gehört."

Als die nächste Woche vergangen war, lud der Bauer den Fuchs wieder ein, gemeinsam in die Sauna zu gehen.

„Leider kann ich euch nicht begleiten", entschuldigte sich der Fuchs. Ich muss in die Kirche, zur Taufe meines mittleren Bruders."

Als er wieder auf den Hof zurückkehrte, fragte die Bäuerin: „Auf welchen Namen wurde dein mittlerer Bruder getauft?"

„Hälfte", erwiderte der Fuchs. „Sie tauften ihn Hälfte."

„Ein ungewöhnlicher Name", sprach die Bäuerin. „Den habe ich vorher noch nie gehört."

Wieder ging eine Woche ins Land. Der Fuchs hütete die Schafe. Am Samstag fragte ihn der Bauer zum dritten Mal: „Möchtest du mit uns in die Sauna?"

„Ja, das möchte ich", sprach der Fuchs. „Doch zuerst muss ich zur Taufe meines jüngsten Bruders. Danach komme ich zu euch in die Sauna."

Nach einer Weile spazierte der Fuchs in die Sauna und ließ sich von der Bäuerin den Rücken schrubben.

„Auf welchen Namen wurde denn dein jüngster Bruder getauft?", fragte sie.

„Er bekam den Namen Rest."

Die Bäuerin verstand immer noch nichts und sagte: „Was für ein seltener, merkwürdiger Name."

Der Fuchs konnte sich kaum das Lachen verkneifen und sang:

„Ich habe dein Butterfass leer gegessen, ich habe dein Milchfass leer getrunken, ich habe deinen Quark verputzt! Jetzt wird es Zeit, dass ich mich davonmache!"

Erst jetzt wurde der Frau klar, dass der freche Fuchs nach und nach alle ihre Vorräte gefressen hatte. Sie griff nach dem Besen, um den Fuchs zu verprügeln. Doch der war schnell auf den Beinen und rannte los. In ihrer Wut schlug die Bäuerin mit all ihrer Kraft den Besen auf den Fuchs und traf ihn am Po. Ihr Schlag war so heftig, dass der Besen wie angewachsen dort hängen blieb. Seit diesem Tag hat der Fuchs einen großen, buschigen Schwanz, der so aussieht wie ein Besen.

STECKBRIEF: Rotfuchs

„ Hallo, mein Name ist Vulpes vulpes. Weil mein Fell so schön rot leuchtet, werde ich Rotfuchs genannt. Vielleicht kennt ihr sogar meinen dritten Namen: Reinecke Fuchs.

Ich bin der einzige Fuchs, der in Europa lebt. Manche Menschen sagen, ich wäre Europas häufigster Wildhund, denn die Hunde sind meine Verwandten. Mich gibt es nicht nur auf eurem Kontinent, sondern auch in Asien und in Nordamerika. Ratet mal, wo meine nächsten Verwandten, z. B. der Wüstenfuchs und der Eisfuchs, leben? Na klar, der eine lebt in der Wüste und der andere in der Arktis, wo es viel Schnee und Eis gibt.

Findet ihr, dass ich wie ein Hund aussehe? Sicher nicht, denn Füchse sehen schon anders aus. Ich habe ein schmales Gesicht, eine spitze Schnauze, ein leuchtendes Fell und einen buschigen Schwanz.

Ich wohne am liebsten in dichten Wäldern, mache aber auch gerne Ausflüge in städtische Parks, Schrebergärten und auf Bauernhöfe. In der Dämmerung und in der Nacht kann ich sehr gut sehen. Gut hören und riechen kann ich immer. Ich jage nach Katzenart, schleiche mich an meine Beute heran und packe die Maus, das Kaninchen, den Hasen oder den Hühnervogel mit meinen Zähnen. Krallen habe ich keine.

Ich kann sogar wie eine Katze auf Bäume klettern. Das schaffen eure Hunde nicht, wenn sie mich jagen.

Manchmal fange ich mir ein Huhn aus dem Hühnerstall. Deshalb mögen manche Menschen mich nicht, beschimpfen mich als Hühnerdieb und jagen hinter mir her. Dann verstecke ich mich in meinem Bau, den ich unter der Erde gegraben habe. „

Wissenswertes über Füchse

Füchse sind Säugetiere. Sie sind Raubtiere.
- sehen aus wie Hunde.
- haben einen buschigen Schwanz.
- halten die Ohren steif.
- haben eine lange spitze Schnauze und eine schwarze Nase.

Kannst du den Steckbrief vervollständigen?

Schnüren wie ein Fuchs

Material: Kreide oder 1 Wäscheleine (5 m lang)
Alter: ab 4 Jahren

In einem leeren Raum oder draußen auf ebener Fläche mit der Kreide einen geraden Strich von mindestens 5 m Länge ziehen oder alternativ die Wäscheleine auf den Boden legen. Die Kinder stellen sich in einer Reihe auf. Dann geht ein Kind nach dem anderen im Schnürgang des Fuchses auf der Linie. Es setzt immer einen Fuß direkt vor den anderen. Die Kinder, die das Gleichgewicht verlieren oder neben die Linie treten, stellen sich hinten an und versuchen es ein zweites Mal, wenn sie wieder an der Reihe sind.

Auf allen Vieren laufen wie ein Fuchs

Alter: ab 4 Jahren

Jedes Kind versucht, auf allen Vieren den „Wechselgang" des Fuchses nachzuahmen. Dabei setzt es zuerst gleichzeitig die linke Hand und den rechten Fuß, dann gleichzeitig die rechte Hand und den linken Fuß. Könnt ihr dabei auch schnüren, also einen Fuß direkt vor den anderen setzen?

Der Hund und die Füchse

Es ist Sonntag und der Bauer ist mit der ganzen Familie in die Kirche gegangen. Der Hund soll auf den Hof aufpassen, damit sich die hungrigen Füchse nicht zum Hühnerstall schleichen. Das haben die Füchse gesehen. Jetzt wollen sie den angebundenen Hofhund ein wenig ärgern.

Material: 1 Strick, Kreide
Alter: ab 4 Jahren
Anzahl: viele Kinder

Ein Kind spielt den Hofhund. Es ist mit einer Hand am Strick festgebunden, das andere Strickende ist draußen an einem Baum oder drinnen an einer Türklinke befestigt. Der Hof wird mit Kreide auf den Boden gemalt. Der Hund kann trotz des Stricks die gesamte Breite des Hofes erreichen. Er versucht, die frechen Füchse daran zu hindern, an ihm vorbei auf den Hof und zu den Ställen zu laufen. Die Füchse wollen den Hund ärgern und natürlich den Hühnerstall plündern. Sie hüpfen und springen vor dem Hund hin und her, ärgern ihn und lenken ihn ab. Nach und nach überlisten alle Füchse den Hund und rennen an ihm vorbei. Der Hund versucht,

dies zu verhindern. Jeder Fuchs, den er berührt, muss aus dem Spiel. Einige Füchse schaffen es natürlich, den Hund zu überlisten. Wenn kein Fuchs mehr vor dem Hof steht, müssen alle, die den Stall erreicht hatten, wieder zurück. Noch einmal versucht der Hund, so viele wie möglich zu fangen. Der Fuchs, der als letzter dem Hund entkommt und den Hof verlässt, spielt in der nächsten Runde den Hund.

Das kleine Wiesel

Das kleine Wiesel macht sich ganz groß, um über die Grashalme zu schauen. Es gibt nichts Besonderes zu sehen. Langsam geht es weiter. Da war doch ein Geräusch? Das Wiesel rennt ganz schnell zu seinem Bau und lässt sich hineinfallen.

Material: 2 Klanghölzer oder Trommelstöcke, 1 Trommel, leeres Klassenzimmer oder Turnhalle
Alter: ab 4 Jahren

Ein Kind gibt den Rhythmus des Spiels mit den Hölzern und der Trommel vor.
- Spielt es noch nicht, recken sich alle Kinder nach oben, um zu sehen, ob in der Ferne Gefahr droht.
- Schlägt das Kind die Stöcke langsam aufeinander, laufen die Wiesel gemächlich über die Wiese.
- Spielt es einen schnellen Rhythmus, hat das Wiesel Gefahr gerochen und läuft schneller.
- Schlägt das Kind laut auf die Trommel, hat das Wiesel endlich seinen Bau erreicht und lässt sich auf den Boden fallen.

Dann will das neugierige Wiesel wieder hinaus auf die Wiese und das Spiel beginnt von Neuem.

Der Rabe

(trad. aus Island / dt. T.: Pit Budde)

Während der Rabe in Mitteleuropa eher einen schlechten Ruf als Galgenvogel hatte, spielte er in der Mythologie vieler nördlicher Völker eine große, sehr positive Rolle. In der germanischen Götterwelt von Island ist er der Vogel Odins, des Königs der Götter.

In den Fel-sen schla-fen Ra-ben in der dunk-len Win-ter-nacht.

Trot-zen Käl-te und Ge-fah-ren in der ei-si - gen Nacht.

Als die Son-ne dann auf-geht, sieh, wer auf dem Fel-sen steht!

Schau, der gro-ße schwar-ze Ra-be mit ge-fror'-nem Schna-bel.

In den Felsen schlafen Raben
in der dunklen Winternacht.
Trotzen Kälte und Gefahren
in der eisigen Nacht.

Als die Sonne dann aufgeht,
sieh, wer auf dem Felsen steht!
Schau, der große schwarze Rabe
mit gefror'nem Schnabel.

Krummi svaf í klettagjá,
kaldri vetrarnóttu á.
Verður margt að meini,
verður margt að meini.

Fyrr en dagur fagur rann,
freðið nefið dregur hann.
Undan stórum steini,
undan stórum steini.

STECKBRIEF: Wolf

❝ Hallo, mein Name ist Canis lupus, ich bin ein Grauwolf. Wir Wölfe können aber auch ein braunes, rötlich schwarzes und sogar weißes Fell haben. Die Hunde, die bei euch Menschen leben, sind eigentlich gezähmte Wölfe und meine Verwandten. Die Menschen mögen ihre Hunde, aber über mich erzählen sie allerhand schlimme Geschichten. Ihr kennt sicher ein Märchen, in dem ich der Bösewicht bin. Ich bin eben ein Raubtier und jage große und kleine Säugetiere: Hirsche, Elche, Rentiere, Wildschweine, Hasen, Kaninchen und sogar Mäuse. Die großen Tiere werden schon seit langer Zeit auch von den Menschen gejagt, und deshalb können sie mich nicht leiden. Sie wollen die leckeren Hirsche und Rehe alle für sich haben. Wenn ich nur Mäuse essen würde, hätten sie sicher nichts gegen mich. Aber so haben sie sich alle diese komischen Geschichten wie das von Rotkäppchen ausgedacht.

Früher war ich dem Menschen ein guter Lehrer bei der Jagd. Aus mir hat er sogar seine Hunde gezüchtet. Erst als die Menschen begannen, Vieh zu züchten, betrachteten sie mich als Feind.

Ich bin nicht gerne allein, lebe und jage im Rudel. Wir Wölfe helfen uns gegenseitig und lassen uns nie im Stich. Wir besitzen eine Rangordnung. Alpha ist der erste Buchstabe des griechischen Alphabets. Nach ihm heißt der stärkste Wolf, der an erster Stelle in der Rangordnung steht, Alphawolf. Am Ende eines Rudels steht Omegawolf. Er hält seinen Schwanz demütig nach unten, wenn er dem Alphawolf begegnet.

Viele Menschen denken, dass wir gerne den Mond anheulen. Das stimmt aber nicht. Das Heulen ist Teil unserer Sprache, mit der wir uns verständigen. Wir heulen, um anderen Wölfen zu signalisieren, dass dieses Gebiet bereits von unserem Rudel besetzt ist oder auch um unser Zusammengehörigkeitsgefühl zu stärken. Manchmal heulen einzelne Wölfe, wenn sie ein Rudel suchen, dem sie sich anschließen können. Bei Vollmond heulen wir, weil es dann so schön hell ist und wir nachts auf die Jagd gehen können.

Früher war ich, nach dem Menschen, das meist verbreitete Säugetier, und mich gab es fast überall in Europa, Asien und Nordamerika. In Amerika und Europa haben mich die Menschen ohne Erbarmen gejagt, vergiftet und fast ausgerottet. Jetzt bin ich in vielen Ländern geschützt und es gibt sogar in Deutschland wieder einige Wölfe! ❞

Wissenswertes über den Wolf

Wölfe sind Raubtiere. Sie jagen und leben in Rudeln.

- ernähren sich von großen und kleinen Säugetieren.
- fressen in sehr geringen Mengen auch Pflanzen wie Gräser und Beeren.
- heulen nicht den Mond an, sondern heulen wegen der Helligkeit gerne bei Vollmond.
- sind die Vorfahren der Hunde, die von Wölfen abstammen.
- halten den Schwanz in der Regel nach unten gesenkt, Hunde halten ihn hoch oder eingerollt.

Der Alphawolf hält seinen Schwanz stolz nach oben. Am Ende eines Rudels steht der Omegawolf.

Fällt dir noch mehr zum Wolf ein?

SEITENANSICHT

Wolfskulptur aus Seife

Seife ist ein einfaches und billiges Material, aus dem Kinder schöne Skulpturen herstellen können. Es eignet sich gut als Ersatz für Speckstein.

Material: 2 rechteckige Stücke Seife, Stift, kurzes Messer, Seifenreste, Wasser, Topf, Papier, Schere, Nagelfeile, dicke Nadel
Alter: ab 4 Jahren (mit Hilfe eines Erwachsenen)

- Das eine Seifenstück senkrecht auf die Mitte des liegenden zweiten Seifenstückes stellen und mit dem Stift den Umriss in das untere Stück ritzen. Die markierte Stelle mit dem Messer etwa 0,5 cm ausheben.
- Einige Seifenreste im Topf mit ein wenig Wasser erhitzen, zu einem dickflüssigen Brei auflösen und abkühlen lassen.
- Die noch vollständige Seife etwa 30 Sekunden in die flüssige Seife halten, fest in die ausgehobene Fläche drücken und über Nacht trocknen lassen.

- Die drei Ansichten des Wolfes in Originalgröße auf Papier zeichnen und ausschneiden.
- Die Seitenansicht des Wolfes auf die beiden Seiten der Seife übertragen und mit dem Messer die Struktur herausarbeiten.
- Danach die Vorderansicht, die Hinteransicht und die Ansicht von oben formen.
- Die Beine des Wolfes freiarbeiten.
- Als letztes mit der Nadel Längslinien in den Wolf ritzen, um ihm eine Fellstruktur zu verleihen.

WOLF

ANSICHT VON OBEN

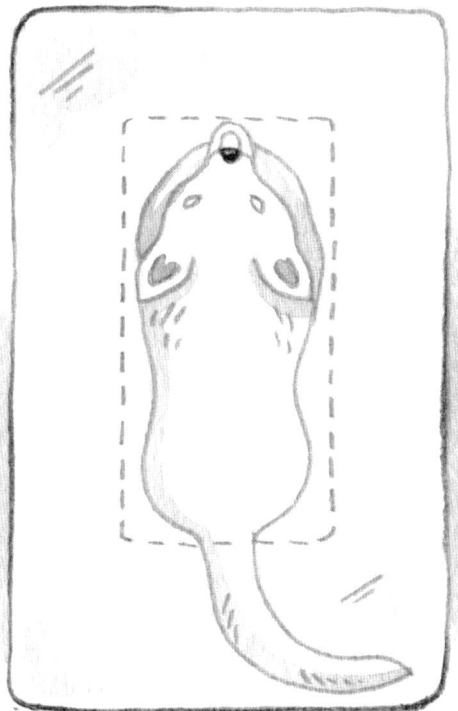

VORDERANSICHT

Trittsiegel, Fährte und Spur

Wie unsere Füße hinterlassen die Pfoten der Wildtiere Spuren in Schnee, Matsch, Sand oder feuchter Erde. Aus den Tierspuren können wir viel lernen. Ein Pfotenabdruck zeigt uns, welche Tierart hier gelaufen ist, wie alt das Tier war, ob es ein Weibchen oder ein Männchen war, ob es gemütlich durch den Wald spaziert ist, trabte oder sich auf der Flucht befand und vor irgendetwas davonrannte.

Der einzelne Fußabdruck wird als **Trittsiegel** bezeichnet. Jede Tierart hat ein für sie typisches Trittsiegel. Es gibt **Sohlengänger** wie den Bär oder den Dachs; **Zehengänger** wie den Fuchs, den Wolf und den Luchs; zu den **Zehenspitzengängern** gehören die meisten Huftiere wie die Rehe und Hirsche.

Auch andere Tierarten haben eigene Trittsiegel. Die Zehenabdrücke eines Fasans sehen anderes aus als die einer Stockente oder eines Greifvogels. Wenn Tiere sich vorwärts bewegen, entsteht eine Reihe von Trittsiegeln, die **Fährte** oder **Spur** genannt werden.

Die Tritte der Zehenspitzengänger wie Hirsch, Reh, Gams oder Wildschwein werden als Fährte bezeichnet.

Die Trittbilder der Sohlen- oder Zehengänger wie Bär, Dachs, Fuchs und Luchs werden Spur genannt.

Trittfolgen von Vögeln heißen **Geläufe**.

Sind wir Menschen Zehen oder Sohlengänger?
(Sohlengänger)

Hunde sind mit dem Wolf verwandt und sind daher ...?
(Zehengänger)

Der Luchs gehört zu der Familie der Katzen und ist ein Zehengänger. Deine Hauskatze ist ein ...?
(Zehengänger)

Geh in den Zoo und suche die Sohlen-, Zehen- und Zehenspitzengänger.

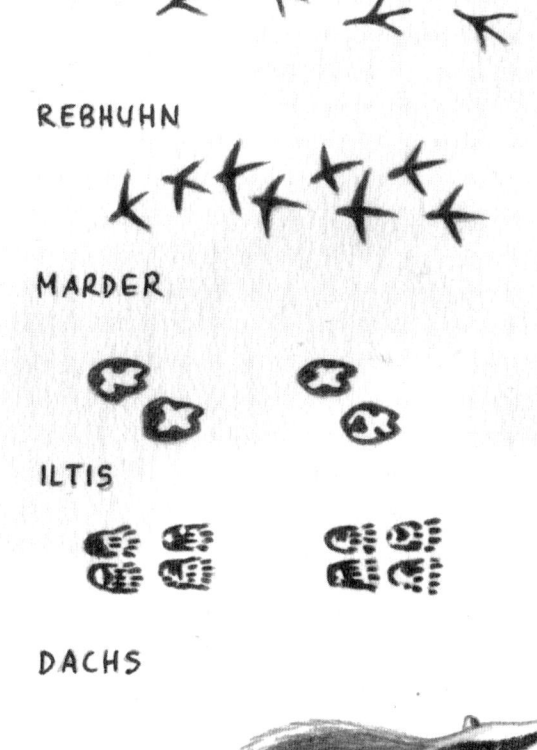

KRÄHE

REBHUHN

MARDER

ILTIS

DACHS

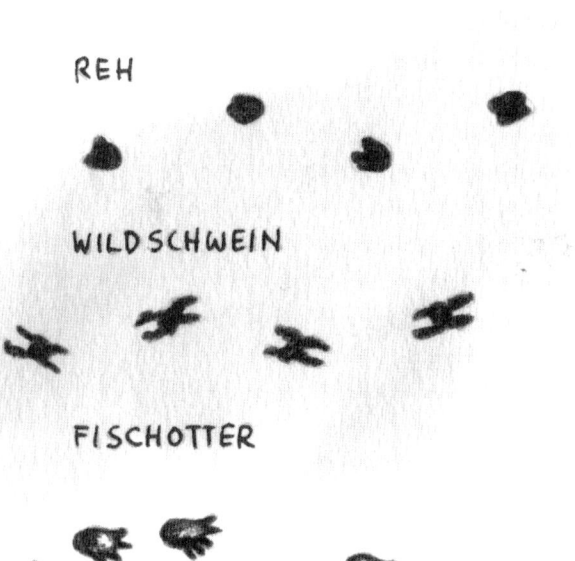

REH

WILDSCHWEIN

FISCHOTTER

EICHHÖRNCHEN

Winterbild mit den Spuren wilder Tiere

In der Nacht hat es kräftig geschneit. Die Felder und Wiesen sind mit einer weißen Decke überzogen. Doch sind schon einige Tiere über die weiße Pracht gelaufen und haben ihre Spuren hinterlassen.

Material: weißes Zeichenpapier, Pappe, Bleistift, Schere, schwarze Farbe bzw. Stift
Alter: ab 4 Jahren

Die Kinder überlegen sich, welche Tiere schon im Schnee unterwegs waren. Hat der Fuchs nach Beute gesucht? Oder ist eine Krähe über den Schnee gelaufen? Vielleicht hat ja die Hauskatze schon einen Spaziergang hinter sich.
Sie übertragen die gewünschten Tierspuren auf die Pappe und schneiden die Flächen zu einer Schablone aus. Jetzt die Schablone auf das Zeichenpapier legen und Fährten ausmalen.

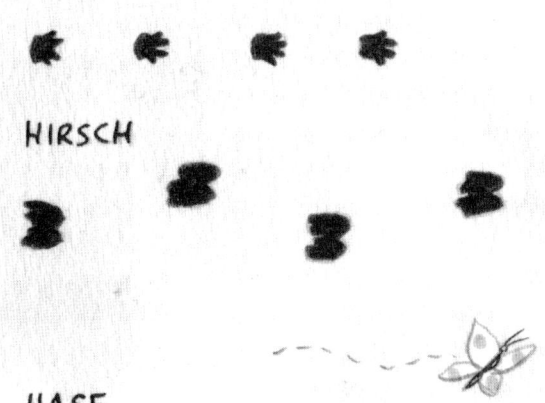

FUCHS

HIRSCH

HASE

Passgang, Wechselgang, Schnüren, Hoppeln und Nageln

*Jedes Tier hinterlässt eine für seine Art typische Spur. Manche Säugetiere benutzen einen Passgang. Bei ihm werden jeweils die Beine derselben Körperseite im **Gleichschritt** bewegt. Typisches Beispiel ist das Kamel. Die jeweils einseitige Belastung ist für seinen schaukeligen Gang verantwortlich.*

*Viele Säugetiere laufen im **Wechselgang**. Dabei werden jeweils das linke Vorderbein und rechte Hinterbein bzw. das rechte Vorderbein und das linke Hinterbein im Gleichschritt bewegt. Wenn Fuchs, Wolf und Luchs nicht gerade in großer Eile sind, **schnüren** sie. Dabei tritt die linke Hinterpfote meist in den Abdruck der rechten Vorderpfote und so weiter. Sie hinterlassen eine leicht erkennbare Spur, bei der die Abdrücke wie an einer Perlenschnur oder einem Lineal angeordnet sind.*

*Hasen und Eichhörnchen bewegen sich **hoppelnd** oder **flüchtend**. Beim so genannten **Hasensprung** treten sie mit den Hinterläufen nicht in die Tritte der vorderen, sondern setzen die viel längeren Hinterläufe paarweise vor die kürzeren Vorderläufe.*

*Eine Besonderheit ist das **Nageln** (Krallenabdrücke) beim Dachs, bei Wildkatzen und natürlich auch bei unserer Hauskatze. Vor allem die kräftigen Grabekrallen an den Vorderpfoten sind deutlich vor den Handballen zu erkennen. Beim erwachsenen Luchs ist das Trittsiegel etwa handtellergroß und zeigt in der Regel keine Nägel.*

KATZE

Hoppeln wie ein Hase

Hasen sind sehr gute, schnelle und gewandte Läufer. Werden sie vom Fuchs oder Luchs angegriffen, bleibt ihnen nur die Flucht. Sie können geschickt Haken schlagen und damit eigentlich fast jeden Jäger abhängen. Bei der Flucht stoßen sie sich mit ihren großen Hinterläufen vom Boden ab, fliegen fast durch die Luft, landen auf den kleineren Vorderläufen und setzen zum nächsten Sprung die Hinterläufe vor die Vorderläufe. Wir Menschen sind bei unserem Hasenlauf froh, wenn wir zwei, drei Sprünge hinbekommen.

Alter: ab 4 Jahren

Die Kinder gehen in die Hocke und berühren mit den Händen den Boden. Jetzt stoßen sie sich mit den Beinen ab und landen zuerst mit den Händen, dann mit den Füßen auf dem Boden.

Kennst du die Tiere in Europa?
(Maya-Kreuzworträtsel)

Waagerecht
1. Meister Petz liebt Honig.
2. Spuckt bei Gefahr Tinte.
3. Der König der Lüfte
4. Augen wie ein ...
5. Rotkäppchen trifft den ...

Senkrecht
6. Roter Vogel schaukelt in der Luft.
7. Hat lange Ohren und versteckt Ostereier.
8. Hat ein großes Schaufelgeweih und dünne Beine.
9. Klein, schnell, dünn – im Winter weiß.
10. Der schlaue ...

Lösungen: 1.Baer 2. Tintenfisch, 3. Adler, 4. Luchs, 5. Wolf, 6. Rotmilan, 7. Hase, 8. Elch, 9. Wiesel, 10. Fuchs

36

Die Tierwelt Afrikas

„ Hallo, mein Name ist Leo Leopard. Ich lebe in Afrika, dem zweitgrößten Kontinent der Erde. Afrika ist dreimal so groß wie deine Heimat Europa. Bei uns gibt es Regenwälder, Wüsten, Grasland, Trockenwälder und richtig hohe Berge. Der berühmteste und höchste ist der Kilimandscharo. In Afrika findest du große Seen wie den Viktoria-See und den längsten Fluss der Erde, den Nil. Vielleicht hast du schon mal etwas vom Nil-Krokodil gehört. Jetzt kannst du dir vorstellen, woher es seinen Namen hat. Die Krokodile leben aber auch in anderen afrikanischen Flüssen und Seen. Wenn du dir Afrika auf der Weltkarte anschaust, kannst du dort das Rift-Valley entdecken, den Großen Ostafrikanischen Grabenbruch. Hier sind viele der berühmten Nationalparks, durch die große Herden von Gnus und Zebras ziehen. Dort leben Giraffen, Elefanten, Löwen, Geparden, Nashörner, Flusspferde und natürlich auch ich, der Leopard. Aber es gibt noch etwas anderes, ganz Besonderes am Großen Afrikanischen Grabenbruch. Hier haben sich deine Vorfahren, die ersten Menschen entwickelt. Von hier aus haben sie nach und nach die ganze Welt besiedelt.

Viele Kinder in Europa denken, in Afrika wäre es überall heiß und trocken und an jeder Ecke könntest du einem Elefanten oder Löwen begegnen. Das stimmt natürlich nicht. In den Regenwäldern ist es feucht und warm, in der Wüste und in der Savanne gibt es Trockenzeiten und Regenzeiten.

Weil es so viele verschiedene Landschaften in Afrika gibt, leben in meinem Erdteil sehr viele unterschiedliche Tierarten. Ein paar habe ich ja schon aufgezählt, aber es gibt viel mehr: Gorillas, Schimpansen und andere Affen, Antilopen, Gazellen, Okapis, viele, viele Vögel, Echsen, Frösche und Fische … Ich könnte bis morgen weitererzählen. Mich selbst kannst du mit etwas Geduld auch finden. Wo zu viele Menschen sind und in den Wüsten mit wenig Wasser, wirst du mich allerdings niemals treffen.

Oft kommen Menschen aus Europa zu einer Safari nach Afrika. Sie wollen die Landschaften und vor allem uns wilde Tiere beobachten und fotografieren. Weißt du, was „Safari" bedeutet? Es ist ein Wort aus der Sprache Kiswahili und bedeutet nichts anderes als Reise.

Uns Leoparden gibt es nicht in so großen Mengen wie die Antilopen oder Zebras. Außerdem wurden wir früher von den Europäern sehr stark bejagt. Weil wir selten geworden sind, haben uns die meisten afrikanischen Kinder noch nie gesehen. Eigentlich schade, denn du musst zugeben, dass ich wirklich toll aussehe! „

AFRIKA

N

Die Stimme der Raupe

(Ostafrika)

*E*s war einmal eine Raupe, die suchte eine neue Wohnung. Schließlich fand sie den Bau eines Hasen, der gerade nicht zuhause war. Die Raupe kletterte hinein und machte es sich gemütlich. Nach einer Weile kam der Hase zurück. Er sah merkwürdige Spuren vor seinem Bau und wusste, da ist jemand in seiner Wohnung.

Er rief: „Wer ist in meinem Haus?"

Die Raupe verstellte ihre Stimme und brüllte grimmig:

„Das bin ich! Ich, der Nashörner in den Boden stampft und Elefanten in die Knie zwingt!"

Der Hase lief schnell davon und jammerte: „Was kann ein so kleines Tier wie ich gegen eine Kreatur anfangen, die Nashörner in den Boden stampft und Elefanten in die Knie zwingt?"

Bald darauf begegnete er dem Schakal. Der Hase bat ihn, bei dieser schrecklichen Kreatur ein gutes Wort für ihn einzulegen. Denn er fürchtete sich vor diesem Monster, das ihn aus seinem Haus vertrieben hatte.

Der Schakal war einverstanden. Als sie den Eingang zum Haus des Hasen erreichten, rief er mit lauter Stimme: „Wer ist in das Haus meines Freundes, des Hasen, eingedrungen?"

Die Raupe antwortete mit einer Stimme, die den Boden erzittern ließ: „Das bin ich! Ich, der Nashörner in den Boden stampft und Elefanten in die Knie zwingt!"

Der Schakal dachte bei sich, „Was soll ich gegen ein so mächtiges Wesen schon ausrichten?", und rannte schnell davon.

Da bat der Hase den Leoparden um Hilfe. Der Leopard leckte seine Krallen und sagte: „Für mich ist das kein Problem. Ich werde das für dich regeln!"

Als sie vor dem Eingang zum Haus des Hasen standen, bleckte er die scharfen Zähne und brüllte: „Wer ist in das Haus meines Freundes, des Hasen, eingedrungen?"

Die Raupe antwortete wie vorher und der Leopard erschrak sehr. Er dachte: „Wenn dieses Monster Nashörner und Elefanten in den Staub wirft, was wird es Schlimmes mit mir anfangen?", und rannte davon.

Dann traf der Hase das Nashorn und bat es um Hilfe. „Kein Problem", rief das Nashorn. „Ich bin das gefährlichste aller Tiere, jeder fürchtet mich!"

Vor dem Haus des Hasen angekommen, stampfte es mit seinen gewaltigen Füßen auf den Boden und donnerte: „Wer ist in das Haus meines Freundes, des Hasen, eingedrungen?"

Und wieder antwortete die Raupe: „Das bin ich! Ich, der Nashörner in den Boden stampft und Elefanten in die Knie zwingt!"

„Er kann mich in den Boden stampfen?", erschrak das Nashorn und rannte so schnell es konnte davon.

Auch der Elefant wollte dem Hasen helfen. Doch es ging ihm wie all den anderen. Kaum hatte er die Stimme aus dem Haus des Hasen gehört, rannte er vor Angst um sein Leben.

In einiger Entfernung saß ein kleiner Frosch und hatte alles beobachtet. Jetzt fragte er sich, vor wem all diese mächtigen Tiere wohl weggelaufen waren. Er ging zum Eingang des Hasenhauses und fragte: „Wer hat sich in diesem Haus versteckt?" Die Antwort ließ nicht lange auf sich warten:

„Das bin ich! Ich, der Nashörner in den Boden stampft und Elefanten in die Knie zwingt!"

Der sprang der Frosch direkt vor den Eingang und rief: „Jetzt aber bin ich gekommen! Ich, der Stärkste von allen. Derjenige, der alle in den Boden stampft, die Nashörner in den Boden stampfen! Ich trampel alle nieder, die Elefanten niedertrampeln!"

Als die Raupe das hörte, zitterte sie vor Angst am ganzen Körper. Sie sah den näher kommenden Schatten des Frosches am Eingang des Hasenbaus und dachte: „Letztendlich bin ich doch nur eine kleine, harmlose Raupe." Sie kletterte ganz schnell aus dem Haus des Hasen und versuchte, sich unauffällig davonzumachen. Doch mittlerweile hatten sich viele Tiere versammelt, die gebannt das Schauspiel beobachteten.

„Du warst das also, eine kleine, freche Raupe?", riefen sie ungläubig und lachend zugleich.

„Na klar, aber ich wäre niemals in dieser hässlichen Höhle geblieben!", sagte die Raupe mit erhobener Nase. Dann krabbelte sie unter einen Strauch, während die anderen Tiere sich vor Lachen den Bauch hielten.

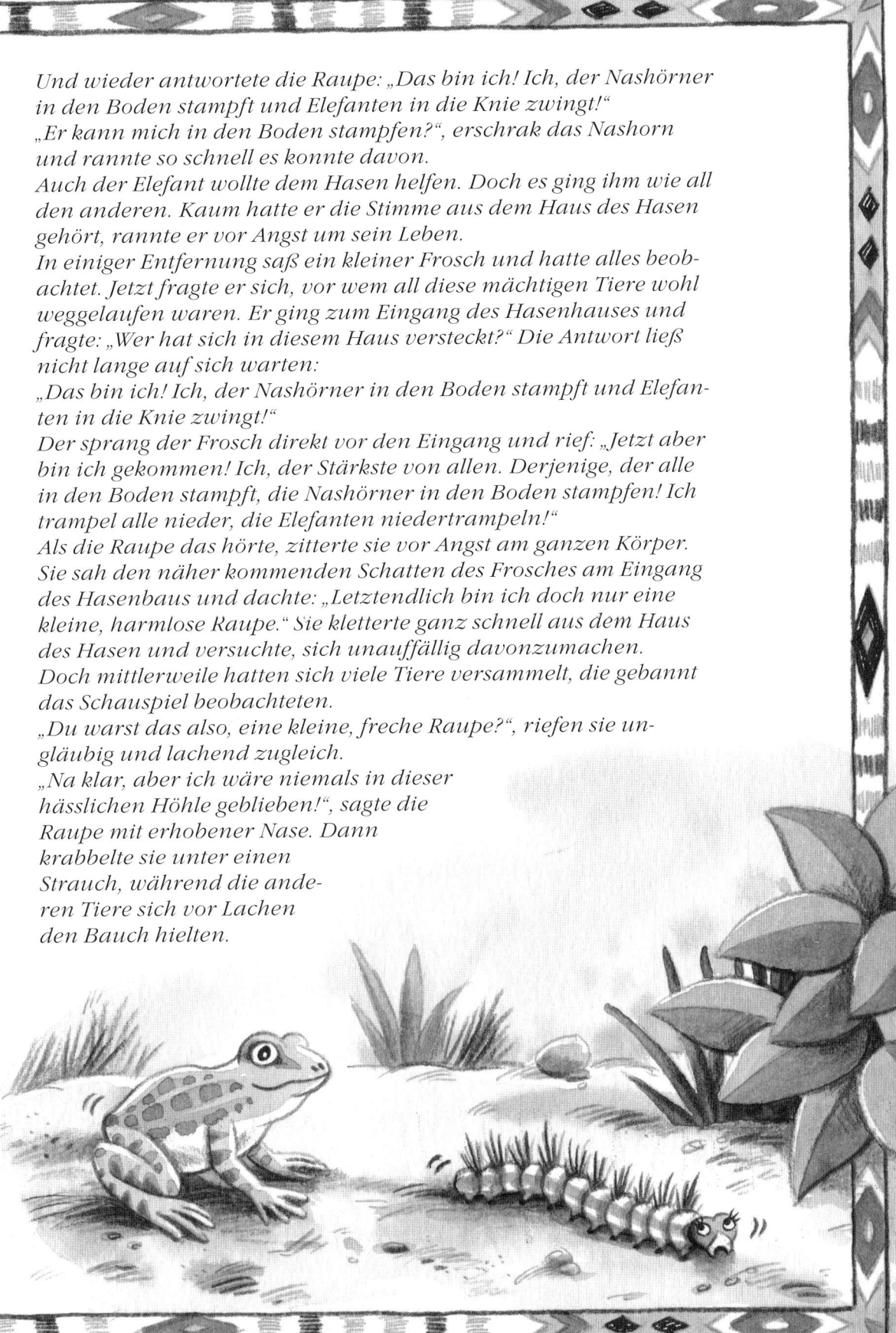

Die Raupe aus Sambia

(T. & M. trad. aus Sambia)

Du und ich, du und ich, du und ich, du und ich. Tau-send
Fü-ße, tau-send Fü-ße, tau-send Fü-ße, tau-send Fü-ße.
Komm, hak dich ein, komm, hak dich ein,
komm, hak dich ein, komm, hak dich ein!

Material: 1 oder mehrere Trommeln
Alter: ab 4 Jahren

Dieses Spiellied lieben die Kinder in Sambia. Jedes Kind sucht sich eine Freundin oder einen Freund als Spielpartner aus. Dann stellen sie sich in zwei Reihen mit einem Abstand von etwa einem Meter voreinander auf. Der oder die Trommler geben einen einfachen Rhythmus vor, indem alle gleichzeitig rufen:

„Du und ich, du und ich, du und ich, du und ich."
Bei „du" zeigen sie mit dem Finger auf ihren Partner, bei „ich" auf sich selbst.
Dann rufen sie:
„Tausend Füße, tausend Füße, tausend Füße, tausend Füße."
Dabei laufen die Kinder im gemeinsamen Rhythmus auf der Stelle.
Die abschließende Zeile lautet:

„Komm, hak dich ein, komm, hak dich ein, komm, hak dich ein, komm, hak dich ein!"
Dabei gehen die Paare aufeinander zu, haken sich unter und drehen sich im gemeinsamen Rhythmus im Kreis.
In der zweiten Runde erhöhen die Trommler das Tempo ein wenig, bei der dritten noch etwas und so weiter, bis die Kinder beim Trommelgewitter in wildem Tempo durcheinanderpurzeln.

Variante
Natürlich kann die Raupe auch mit dem Originaltext der Kinder aus Sambia gespielt werden. Der heißt:
Two by two, two by two, two by two, two by two.
Katapila, Katapila, Katapila, Katapila.
Ju kwata ju, Ju kwata ju, Ju kwata ju, Ju kwata ju!

STECKBRIEF: Löwe

„ Jambo, mein Name ist Panthera Leo, ich bin der Löwe. In Afrika habe ich viele verschiedene Namen wie Simba, Anbessa und andere. Nach dem Tiger bin ich die zweitgrößte Katze der Welt. Mein Fell ist dunkelbraun bis hellgelb. Nur meine Schwanzspitze ist schwarz. Wie andere Katzen kann ich meine Krallen einziehen. Ich habe aber runde Pupillen und keine schmalen wie sie. Falls du mich mal im Zoo beim Gähnen beobachtest, dann achte auf mein Zunge. Sie ist sehr rau und sieht wie eine Raspel aus. Mit der Zunge zerkleinere ich genauso das Fleisch und die Knochen, die ich fresse, wie mit den Zähnen. Wie alle anderen Großkatzen schnurre ich beim Ausatmen. Das klingt aber nicht so niedlich wie bei euren Hauskatzen, sondern eher wie ein Knurren oder Brummen.

Wir Löwen sind nicht nur stark und schnell, wir sehen dazu noch besonders schön aus. Das Löwenmännchen besitzt eine prächtige Mähne. Mit ihr imponiert und droht es anderen Löwen. Außerdem schützt die Mähne uns beim Kampf vor Verletzungen. Am meisten beeindruckt von einer Löwenmähne sind die Löwinnen. Das Männchen mit der längsten und dichtesten Mähne gilt als der schönste, stärkste und prächtigste aller Löwen. Für den entscheidet sich meist die Löwin.

Wir Löwen leben gerne in der Savanne und in der Halbwüste, wo wenige Bäume stehen. Eine richtige Wüste mögen wir allerdings nicht, denn dort finden wir zu wenig Wasser. Wir leben und jagen gerne im Rudel. Bei uns jagen die Weibchen, die Männchen sichern das Revier. Hat das Weibchen ein Tier erjagt, bekommen die Männchen ihren Löwenanteil. Nach der Rangfolge fressen sie zuerst, danach die Weibchen und zuletzt die Jungen.

Wir Löwen können sehr gut hören und sehen, daher jagen wir vorrangig in der Dämmerung oder in der Dunkelheit Antilopen, Gazellen, Gnus, Büffel und Zebras, aber auch Vögel und Hasen. Wir fressen sogar Aas, wenn wir welches finden. Man sagt, der Löwe ist der König der Tiere, weil wir uns trauen, Leoparden und Hyänen von ihrer Beute zu vertreiben.

Hast du schon einmal im Zoo ein brüllendes Löwenmännchen gehört? Wir brüllen, um fremde Löwen zu vertreiben. Tagtäglich verteidigen wir das Gebiet, in dem wir leben, und kämpfen gegen fremde Löwen. Wie eure Haushunde markieren wir auch die Orte, an denen wir uns aufhalten, damit fremde Löwenmännchen durch den Geruch gewarnt werden.

Löwenbabys werden wie alle Katzen blind geboren. Wenn du Glück hast und einmal ein Löwenjunges im Zoo zu sehen bekommst, wirst du bemerken, dass sein Fell leopardenartig gefleckt aussieht. Später verschwinden die Flecken und die jungen Löwen ähneln immer mehr ihren Eltern. In der Natur passen alle Weibchen im Rudel auf die Jungen auf.

Leider werden Löwen auch in Afrika immer seltener. Einst gab es uns fast überall in Afrika, in Asien und sogar in Europa. Man hat uns fast ausgerottet. Jetzt leben wir vor allem in geschützten Gebieten, in denen wir nicht gejagt werden dürfen. "

Wissenswertes über Löwen

Der Löwe ist ein Raubtier. Er wohnt in der Steppe.

● lebt als einzige Großkatze in einem Rudel.

Löwenmännchen sind viel größer als die Weibchen und haben eine Mähne.

Kannst du den Steckbrief vervollständigen?

LÖWE

Des Löwen Anteil

(Fabel von Aesop)

Löwe, Esel und Fuchs schlossen einen Bund und gingen zusammen auf die Jagd.

Als sie nun reichlich Beute gemacht hatten, befahl der Löwe dem Esel, diese unter ihnen zu verteilen. Der brach alles in drei gleiche Teile und forderte den Löwen auf, selbst einen davon zu wählen.

Da aber wurde der Löwe wild, zerriss den Esel und befahl nun dem Fuchs zu teilen. Der schob fast die ganze Beute auf einen großen Haufen zusammen und ließ für sich selbst nur ein paar kleine Stücke über.

Da schmunzelte der Löwe: „Ei, mein Bester, wer hat dich so richtig teilen gelehrt?"

Zebras und Löwe am Fluss

Die Zebras müssen auf ihrer Wanderung durch den Fluss. Am anderen Ufer gibt es saftiges, grünes Gras zum Fressen. Sie sind schon fast am Fluss, da sehen sie einen Löwen, der mit dem Rücken zu ihnen an der Böschung steht. Es ist sehr heiß und das Sonnenlicht flirrt in der Savanne. Wie sollen die Zebras den Fluss erreichen, ohne vom Löwen erwischt zu werden?

Alter: ab 4 Jahren

Mucksmäuschenstill schleichen die Zebras in Richtung Löwe. Der dreht sich plötzlich um, kann aber nur das Zebra erkennen, das sich noch bewegt. Es muss ganz schnell zurück zum Ausgangspunkt rennen, damit es vor dem Löwen in Sicherheit ist. Alle anderen erstarren in der Bewegung. Sie kann der Löwe nicht erkennen. Immer näher schleichen sich die Zebras; immer wieder dreht sich der Löwe um; immer wieder müssen sich einzelne Zebras schnell in Sicherheit bringen. Das Zebra, das als erstes am Löwen vorbeischleicht, ohne erwischt zu werden, gewinnt das Spiel und ist der nächste Löwe.

Anbessa heißt bei uns Löwe

(T. & M.: Josephine Kronfli, dt. T.: Pit Budde)

An - bes - sa heißt bei uns Lö - we! Und er gilt als schö - nes Tier.

An - bes - sa, An - bes - sa, An - bes - sa. Er ist ein so star - kes Tier.

An - bes - sa, An - bes - sa, An - bes - sa. Mensch und Tier ver - eh - ren dich.

An - bes - sa, An - bes - sa, An - bes - sa. Mensch und Tie - re fürch - ten dich.

An - bes - sa, An - bes - sa, An - bes - sa, An - bes - sa.

Anbessa heißt bei uns Löwe!
Und er gilt als schönes Tier.
Anbessa, Anbessa, Anbessa
Er ist ein so starkes Tier.
Anbessa, Anbessa, Anbessa
Mensch und Tier verehren dich.
Anbessa, Anbessa, Anbessa
Mensch und Tiere fürchten dich.

Anbessa, Anbessa, Anbessa, Anbessa

Anbessa heißt bei uns Löwe.
Deine Mähne ist so schön.
Anbessa, Anbessa, Anbessa
Wenn wir dich von Weitem sehn.
Anbessa, Anbessa, Anbessa
Jagst nur, wenn du hungrig bist
Antilopen und Gazellen.
Jagst nur, wenn du hungrig bist.

Anbessa, Anbessa, Anbessa
Yemitamir insissa
Anbessa, Anbessa, Anbessa
Gulbetih yemaysassa
Anbessa, Anbessa, Anbessa
Hulum yakebrihal
Anbessa, Anbessa, Anbessa
Hulum yiferahal

Anbessa, Anbessa, Anbessa
Balegoferew
Anbessa, Anbessa, Anbessa
Kerabew yadinal
Anbessa, Anbessa, Anbessa
Kagegne yibelal
Anbessa, Anbessa, Anbessa
Yadinal Dikula
Anbessa, Anbessa, Anbessa
Yadinal Gissila

Anbessa-Tanz

Alter: ab 4 Jahren

Die Kinder bilden einen Kreis, fassen sich an den Händen und tanzen rechts herum zum Takt der Musik. Dabei spielt ein Kind den Anführer und bestimmt die Richtung. Nach zwei Runden ändert das führende Kind die Richtung. Bei dem Refrain: „Anbessa, Anbessa, Anbessa ..." zieht sich der Kreis zum Takt der Musik nach innen. Anschließend tanzen alle wieder auseinander. Beginnt die nächste Strophe, dreht sich der Kreis zuerst in die eine, dann in die andere Richtung.

Die Tiere suchen ein Wasserloch

Zebras, Gnus, Antilopen und Gazellen sind auf ihrer Wanderung und suchen ein Wasserloch, an dem sie ihren Durst stillen können.

Material: Stöcke, Zettel, Stifte, Steine
Alter: ab 4 Jahren

Die Zebras, Gnus und Antilopen haben zwei schnelle Gazellen vorausgeschickt, die den Weg kennen und überall kleine Zeichen für sie zurücklassen. Das können drei Stöcke sein, die zu einem Pfeil gelegt die Richtung angeben, oder ein Zettel, auf dem etwas geschrieben steht, oder auch ein kleiner Steinhaufen.
Die Gazellen gehen los, die Herde muss sich noch ausruhen und zieht zehn Minuten später los. Gemeinsam suchen alle Tiere nach den Zeichen, bis sie schließlich die am Wasserloch wartenden Gazellen gefunden haben.

Die Jagd der Colobus-Affen

Die Colobus-Affen springen, hüpfen und rennen durch den Wald. Sie haben lange, buschige Schwänze. Jeder Affe jagt den Schwanz eines anderen Affen.

Material: Schnur, Schere, pro Kind 1 Pappe (ca. DIN A5)
Alter: ab 4 Jahren

Die Kinder stechen mit der Schere ein Loch in den oberen Teil der Pappe, ziehen die Schnur hindurch und verknoten sie. Das andere Ende der Schnur bindet sich jedes Kind um den Bauch. Dann beginnt die Jagd. Alle Kinder rennen los und ziehen die Pappen wie einen langen Schwanz hinter sich her. Jedes Kind versucht, auf den Schwanz (die Pappe) eines anderen Kindes zu treten, die dann abreißt. Andererseits versucht es zu verhindern, dass ein anderes Kind auf seinen Schwanz tritt. Der reißt nämlich sehr schnell ab. Gewonnen hat das Kind, das als letztes noch seinen Schwanz hinter sich herzieht.

STECKBRIEF: Gorilla

❝ Hallo, mein Name ist Gorilla. Ich bin der größte Menschenaffe, den es auf der Erde gibt. Der Schimpanse, du und ich, wir sind sehr nah miteinander verwandt. Wir stammen nämlich alle von einem affenähnlichen Wesen ab, das vor vielen Millionen Jahren gelebt hat. Ich habe ein schwarzgraues Fell und bin sehr stark. Wie alle Menschenaffen habe ich keinen Schwanz. Wenn du mich etwas genauer anschaust, wirst du feststellen, dass mein Gesicht, meine Ohren, meine Handflächen und meine Fußsohlen unbehaart sind. Außerdem sind meine Arme viel länger als meine Beine. Ich kann zwar eine Zeit lang auf zwei Beinen stehen, aber doch viel besser auf allen Vieren laufen. Beim Gehen stütze ich mich mit den Vorderarmen auf die mittleren Finger. Das nennt man den Gorilla-Knöchelgang. Ich kann mit den Händen und sogar mit den Füßen greifen und deshalb gut klettern.

Bei uns Gorillas ist das Weibchen immer kleiner als das Männchen. Wir leben in Gruppen und möchten nie alleine sein. In jeder Gruppe gibt es ein oder mehrere besonders starke Männchen, die Silberrücken. Das Fell auf ihrem Rücken schimmert silbrig und sie sind viel größer als die anderen. Schau mal, ob du im Zoo einen Silberrücken entdecken kannst.

Wir Gorillas leben mitten in Afrika. Den ganzen Tag streifen wir durch die Wälder. Dort gibt es viele Blät-

ter und Früchte, die wir essen. Am Abend bauen wir uns Schlafnester aus Ästen und Blättern.

Wir Menschenaffen, Gorillas, Schimpansen und die Orang-Utans in Asien sind friedlich, verspielt und sehr schlau. In der Wildnis brauchen wir kein anderes Tier zu fürchten außer den Leoparden, der uns fängt, wenn wir gerade mal nicht aufpassen. Heute gibt es nur noch wenige große Wälder, durch die wir ungestört streifen können. Und immer noch gibt es Menschen, die uns jagen, obwohl das schon lange verboten ist. Andere versuchen, unsere Babys zu stehlen, um sie zu verkaufen. ❞

Wissenswertes über Gorillas

Der Gorilla ist ein Säugetier. Er ist ein Menschenaffe.

- lebt im Regenwald.
- frisst nur Pflanzen.
- lebt auf dem Boden, vor allem die Jungen können gut klettern.
- lebt in Gruppen.
- hat Greifhände und Greiffüße.
- bewegt sich im Knöchelgang.

Kannst du den Steckbrief vervollständigen?

Gorilla-Frühstück

Gorillas sind Vegetarier. Sie ernähren sich nur von Schößlingen, Blättern, Wurzeln, Früchten und Ähnlichem. Im Zoo werden sie mit Obst und Gemüse gefüttert. Bis vor wenigen Jahrzehnten wurden sie als blutrünstige Monster dargestellt, so z.B. in dem Film „King Kong". Nichts davon entspricht der Wahrheit. Sie sind sanftmütige Riesen, die es den Menschen sogar erlauben, sich in ihrer Nähe aufzuhalten oder sie zu besuchen.

Material: Rohkost und Obst für alle Kinder
Alter: ab 4 Jahren

Zum Gorilla-Frühstück bringt jedes Kind Rohkost und Obst mit in die Einrichtung. Beim gemeinsames Essen sammeln die Kinder Kraft für das folgende Spiel.

Trommeln wie ein Gorilla

Alle Gorillas, Weibchen und Männchen, klein und groß richten sich manchmal auf und trommeln auf ihre Brust. Wahrscheinlich gilt dies als Begrüßungsritual oder als Signal für die Artgenossen. Lautes Gebrüll, das Schütteln von Ästen, das Abreißen und Wegwerfen von Pflanzen sowie kräftiges Schlagen auf den Boden soll Eindringlinge einschüchtern.

Alter: ab 4 Jahren

Die Gorillakinder laufen auf allen Vieren durch den Raum. Dabei sind ihre Hände zu Fäusten geballt. Um sich zu begrüßen, richten sie sich auf und trommeln mit beiden Fäusten auf den Brustkorb.

Madenhacker reitet auf Nashorn

Die gewaltigen Nashörner leben in der Steppe und fressen Gras. Auf ihrem Rücken haben sich ein paar Vögel niedergelassen, die aus der Haut der Nashörner lästige Plagegeister picken. Deshalb nennt man sie Madenhacker. Die Dickhäuter haben überhaupt nichts dagegen, wenn sich so ein kleiner Vogel auf ihren Rücken setzt, ja sie brauchen sich sogar gegenseitig. Der Madenhacker ernährt sich von den kleinen lästigen Blutsaugern und befreit gleichzeitig das Nashorn von diesen störenden Maden.
Die jungen Nashörner spielen gerade, wer am schnellsten laufen kann. Die Vögel lassen sich davon nicht beeindrucken und hocken weiter auf dem Rücken der großen Tiere.

Alter: ab 4 Jahren

Bei den Kindern sind die Größenunterschiede natürlich nicht so deutlich. Doch jetzt tun sich die Kinder zu Paaren zusammen, die so unterschiedlich groß und schwer wie möglich sind. Die kleinen, leichten Kinder spielen die Vögel, die großen, kräftigen Kinder die Nashörner. Für den Nashornwettlauf wird eine Strecke festgelegt und ein Startpunkt, an dem sich zwei der Paare aufstellen. Auf ein Zeichen springen die Vögel auf die Rücken der Nashörner, die jetzt huckepack mit ihnen die Strecke ablaufen. Das Gewinnerpaar kommt in die nächste Runde, in der wiederum die schnellsten Paare ermittelt werden, bis es zum Endlauf der Besten kommt.

Hyänen-Maske

Hyänen sind in weiten Teilen Afrikas die Tiere, vor denen die Kinder die größte Angst haben. Sie sehen zwar nicht so majestätisch aus wie der Löwe, nicht so elegant wie der Leopard, sind aber dafür bekannt, sich nachts in die Dörfer und Städte zu schleichen, um dort nach Beute zu suchen. Vor Erwachsenen ziehen sie sich meist zurück, kleine Menschen sowie große, die schlafen, sehen sie als Beute an.

Material: pro Kind 1 Blatt weißer Bastelkarton, Bleistift, Farbstifte oder Wasserfarbe, Schere, Locher, Lochverstärkungsringe, Hutgummi
Alter: ab 4 Jahren

- Die Hyänenvorlage auf den Bastelkarton übertragen und ausmalen.
- Nachdem die Farbe getrocknet ist, die Hohlräume ausschneiden, die Augen nicht vergessen.
- An den angegebenen Stellen je ein Loch einstechen und von beiden Seiten mit Lochverstärkungsringen stabilisieren.
- Das Hutgummi durchziehen, an einer Seite verknoten, am Kopf des Kindes abmessen und am zweiten Loch verknoten.

Dimbutsche gela

(T. & M. trad. aus Äthiopien / dt. Text: Pit Budde)

Al - le Kin - der groß und klein spie - len hier im Son - nen - schein.

Tan - zen auf der Wie - se fein. Fall ich in die Höh - le rein,

sitz da un - ten ganz al - lein, klet - ter aus der

Höh - le, so. Hy - ä - nen schnup - pern an mei - nem Po!

Alle Kinder groß und klein

Material: 1 Trommel, Hyänen-Maske
(➜ S. 47)
Alter: ab 4 Jahren

Ein Kind spielt die Hyäne und setzt sich die Hyänen-Maske auf. Die anderen Kinder bilden einen Kreis um die Hyäne und laufen auf der Stelle. Die Hyäne geht im Kreis umher und überlegt, welches Kind sie denn als erstes fangen will. Dann beginnt das Lied.

1. Alle Kinder groß und klein
2. Spielen hier im Sonnenschein,
3. Tanzen auf der Wiese fein.
4. Fall ich in die Höhle rein,
5. sitz da unten ganz allein,
6. kletter aus der Höhle, so.
7. Hyänen schnuppern an meinem Po!

Zeile 1–3: Die Kinder laufen auf der Stelle und tanzen.
Zeile 4: Alle Kinder gehen in die Hocke.
Zeile 6: Alle Kinder klettern aus der Höhle wie über eine Strickleiter.
Zeile 7: Sie kreischen laut, um die Hyäne zu verjagen.
Während die Kinder kreischen, flieht die Hyäne aus dem Kreis und gibt die Maske an ein nahes Kind, das in der nächsten Runde die Hyäne spielt.

Der äthiopische Text:
1. Dimbutsche gela
2. Yabisch geleba
3. Meda new beye
4. Gedel segeba
5. Gebel gebitsche
6. Leweta sele
7. Jibu metabegn ke kite sere

Hyänen-Spiel

Material: Hyänen-Maske (➔ S. 47)
Alter: ab 4 Jahren

Ein Kind bekommt die Maske und spielt die Hyäne. Sie geht am Eingang des Raumes oder am Rand des Spielfeldes auf und ab und beobachtet die Kinder. Was tun sie, wenn sie einer Hyäne begegnen? Sie machen sich größer, als sie sind. Sie heben beide Arme in die Luft und sehen für die Hyäne dann so groß aus wie ein Erwachsener, dem sie besser aus dem Weg geht.

Die Hyäne ist sich nicht sicher, ob das wirklich große Menschen sind oder doch nur Kinder, die so tun, als wären sie groß. Aus der Entfernung beobachtet sie die Kinder und überlegt, ob sie angreifen soll oder nicht.

Die Kinder haben die Hyäne entdeckt und strecken alle die Hände in die Luft, um so groß wie möglich auszusehen. Das ist aber auf die Dauer ziemlich anstrengend. Jedes Kind, das seine Arme nicht mehr in die Höhe strecken kann, gilt als gefangen und wird von der Hyäne geholt. Sind nur noch vier Kinder übrig, stampfen sie gemeinsam auf den Boden und schreien so laut sie nur können. Da erschreckt sich die Hyäne, läuft weg und alle Kinder sind wieder frei.

STECKBRIEF: Krokodil

„ Tadias, hallo, ich heiße Crocodylus niloticus, ich bin das Nilkrokodil. Krokodile sind die größten Kriechtiere der Erde. Kriechtiere werden auch Reptilien genannt. Mein ganzer Körper ist mit Schuppen bedeckt. Der Schuppenpanzer auf meinem Rücken ist besonders hart. Mein Kopf ist lang gestreckt und mein Körper flach. Ich habe eine flache Schnauze und einen langen, abgeflachten Schwanz, mit dem ich im Wasser sehr gut rudern kann. Manche Krokodile werden zwölf Meter lang, denn wir wachsen ein Leben lang. Mach mal zwölf große Schritte und schau dich um, dann siehst du, wie groß ich werden kann. Ich gehöre zwar zu den Landwirbeltieren, bin aber trotzdem die meiste Zeit in Seen und Flüssen. Im Wasser finde ich nämlich am leichtesten Nahrung. Ich bin ein Fleischfresser und jage kleine und große Tiere, die sich im Wasser oder am Ufer aufhalten.

Wusstest du, dass ich sehr eng mit den Dinosauriern und Vögeln verwandt bin? Sie sind sozusagen meine Cousins und Cou-

sinen. Die Vögel und wir Krokodile sind die letzten überlebenden Archosaurier. Mich bezeichnet man sogar als lebendes Fossil, weil es mich schon so lange auf der Erde gibt, nämlich seit etwa 250 Millionen Jahren. In dieser ganzen Zeit habe ich mich so gut wie nicht verändert.

Wie die anderen Reptilien grabe ich Mulden in den Boden, in die ich die Eier lege. Wir Krokodile können allerdings auch Hügelnester bauen. Dabei schichten wir Pflanzen zu einem Hügel auf und legen die Eier mitten hinein. In diesem Nest werden sie dann von der Sonne und den gärenden Pflanzen gewärmt.

Hast du mich eigentlich schon mal im Zoo gesehen? Es gibt die echten Krokodile und die Alligatoren, zu denen auch die Kaimane zählen. Ich kann dir verraten, wie du Alligatoren und Kaimanen von den echten Krokodilen unterscheidest. Der Alligator hat eine breitere Schnauze als wir anderen. Noch einfacher kannst du uns an den Zähnen unterscheiden. Wenn ein Alligator sein Maul schließt, wird die untere Zahnreihe (Unterkiefer) von der oberen verdeckt. Bei einem echten Krokodil kannst du dagegen beide Zahnreihen sehen. Und bei uns ist der vierte Zahn im Unterkiefer stark verlängert. Deshalb sieht es so aus, als würde ein echtes Krokodil bei geschlossenem Maul grinsen, ein Alligator hingegen gutmütig lächeln. „

Wissenswertes über Krokodile

Krokodile sind Landwirbeltiere. Sie sind die größten Reptilien der Erde.
- leben hauptsächlich im Wasser.
- legen ihre Eier in Mulden ab.

Kannst du den Steckbrief vervollständigen?

Zu den **echten Krokodilen** gehören:
- Nilkrokodile
- Leistenkrokodile
- Beulenkrokodile
- Spitzkrokodile

Wer ist wer?

- Australien-Krokodile
- Sumpfkrokodile
- Stumpfkrokodile

Zu den **Alligatoren** gehören:
- Mississippi-Alligatoren
- China-Alligatoren

Zu den **Kaimanen** gehören:
- Krokodilkaimane
- Brauen-Glattstirnkaimane
- Mohrenkaimane

Krokodiljagd

Die Krokodile haben sich im flachen Wasser eines Dschungelsees versteckt. Sie rühren sich nicht von der Stelle, denn es sind Jäger unterwegs, die sie fangen wollen. Es ist unmöglich, in dem Dickicht ein Krokodil zu entdecken, wenn es sich überhaupt nicht bewegt. Also versuchen die Jäger, die Krokodile aufzuscheuchen. Sie dürfen nicht zu laut sein, denn sonst verschwinden die Echsen einfach ins tiefere Wasser, bevor sie gefangen werden können.

Material: grüne Decken, Pappkartons
Alter: ab 4 Jahren

Drei Kinder spielen die Jäger, alle anderen sind Krokodile. Die Krokodile haben die Jäger bemerkt und verstecken sich im Wasser unter Pflanzen und zwischen Felsen (= grüne Decken, Pappkartons etc.). Keiner der Jäger kann sie entdecken. Jetzt versuchen die Jäger durch Witze, komische Geräusche und alles, was ihnen so einfällt, die Krokodile zum Lachen zu bringen. Sie dürfen allerdings kein verstecktes Krokodil berühren. Erst wenn ein Krokodil lacht oder sich bewegt, schnappen die Jäger zu. Das gefangene Krokodil wird jetzt selbst zum Jäger. Das Spiel endet, wenn alle Krokodile gefangen sind.

Kennst du die Tiere in Afrika?
(Maya-Kreuzworträtsel)

Waagerecht
1. Springt anmutig durch die Steppe.
2. Lauert im Wasser auf Beute und ist grün.
3. Ist kurzsichtig und hat ein Horn auf der Nase.
4. Kann gut laufen und springen.

Senkrecht
5. Zieht in riesigen Herden durch die Steppe.
6. Sieht aus wie ein schwarz-weiß gestreiftes Pferd.
7. Ein naher Verwandter von uns Menschen.
8. Der König der Tiere.
9. Alle Kinder fürchten sie.
10. Riesiger Dickhäuter mit langen Zähnen.

Lösungen: 1. Gazelle, 2. Krokodil, 3. Nashorn, 4. Antilope, 5. Gnu, 6. Zebra, 7. Gorilla, 8. Loewe, 9. Hyaene, 10. Elefant

Die Tierwelt Asiens

„ Hallo Leute, ich heiße Theo Tiger. Meine Heimat ist Asien, der größte Kontinent der Erde. Asien ist riesig groß. Im Norden findest du die arktische Tundra. Das Meer dort ist viele Monate im Jahr mit Eis bedeckt und auch der Boden ist meistens gefroren. Oft ist er mit niedrigen Pflanzen, Moos, Flechten und anderen kleinen Blütenpflanzen bedeckt. Hier leben Eisbären, Wölfe, Rentiere und andere Tiere, denen die Kälte nicht allzu viel ausmacht. Im breiten Gürtel der Taiga, einem großen Waldgebiet mit vielen Nadelbäumen, leben Braunbär, Elch, Vielfraß, Zobel, Habichtskauz, Fischadler und viele andere Waldvögel. In den Steppen findest du nur wenige Bäume. Hier leben das seltene Wildpferd, die Saiga-Antilope und der Steppenadler, um nur ein paar zu nennen. Durch die Kältewüsten ziehen Kamele und Wildesel.

In Asien liegt das höchste Gebirge der Welt, das Himalaya. Hier findest du auch den höchsten Berg der Erde, den Mount Everest. In den Bergen leben der seltene Schneeleopard, der große Bartgeier, aber auch Gazellen und Wildschafe. Hast du diese riesigen Berge überquert, bist du immer noch in Asien, obwohl du glauben wirst, dass es eine andere Welt ist. Hier ist es meist warm und feucht. Inseln und Halbinseln ragen ins Meer und es regnet häufig. Ich bin in beiden Teilen Asiens zu Hause, die meisten anderen Tiere nicht. In der Mandschurei, im Osten Chinas, kannst du mich beobachten. Hier treffen sich Tiere, die im Norden und im Süden leben. Dort kannst du auch den sehr seltenen, schwarz-weißen Pandabären finden. Indien ist so etwas wie eine Brücke zwischen West- und Ostasien. Hier leben Elefanten, Mungos, Lippenbären, Antilopen, Hyänen und die giftige Kobraschlange. Im Regenwald Südostasiens und auf den Inseln sind die meisten asiatischen Nashörner beheimatet, aber auch Leoparden, Tapire, Makaken und Orang-Utans leben hier.

Eines muss ich dir sagen: Früher gab es in Asien viel mehr Tiger, Elefanten, Pandas und Orang-Utans als heute. Die Menschen brauchen immer mehr Platz und wir müssen uns immer weiter zurückziehen und werden immer weniger. „

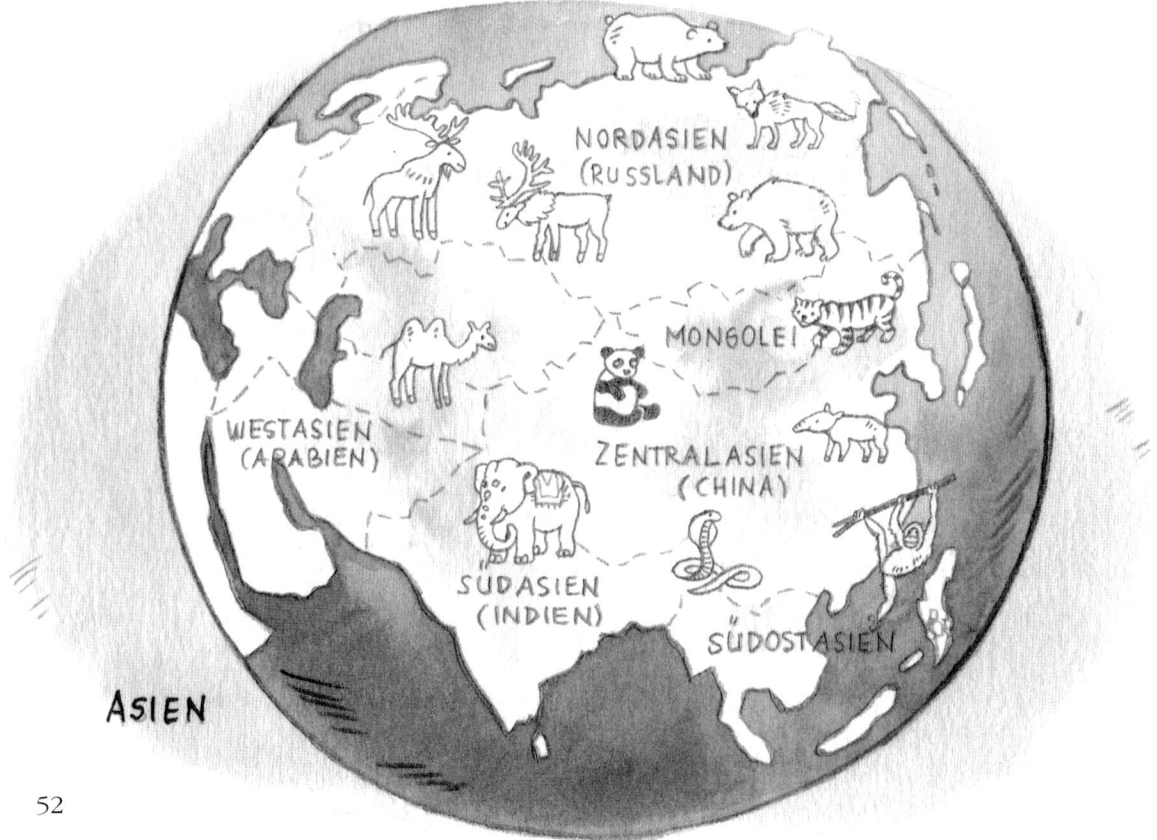

ASIEN

Warum das Kamel
in der Asche herumtrampelt
(Mongolei)

Vor langer, langer Zeit teilte Buddha die Zeit in Abschnitte von jeweils zwölf Jahren. So konnte er die Lebensalter der Lebewesen besser berechnen. Damit diese Aufteilung der Zeit schön übersichtlich blieb, gab er jedem der zwölf Jahre einen eigenen Tiernamen. Elf Tiere hatte Buddha bereits ausgewählt und ihre Namen in das große Kalenderbuch eingetragen. Nur für das erste Jahr hatte er noch kein passendes Tier gefunden, das ihm seinen Namen leihen konnte.

Einige Tiere hatten Buddha bei seiner Arbeit neugierig zugesehen. Und jetzt kamen Maus und Kamel herbei und boten ihm gleichzeitig ihren Namen für das noch namenlose erste Jahr an. Doch Buddha schwieg und schaute sich das ungleiche Paar an. Denn die beiden begannen sich zu streiten, wer denn wohl würdiger sei, diesem Jahr den Namen zu geben. Sie zankten und schimpften und konnten sich nicht einigen. Buddha, der keines der Tiere kränken wollte, überlegte und sprach. „Ich kann nicht darüber entscheiden, das müsst ihr selbst tun. Denkt gut nach und teilt mir morgen euren Entschluss mit."

Damit waren die beiden Tiere einverstanden. Sie gingen eine Wette ein: Wer am nächsten Morgen als Erster die Strahlen der aufgehenden Sonne sieht, dessen Name soll das Jahr tragen.

Im Morgengrauen stieg das Kamel auf einen hohen Hügel und blickte nach Osten, denn dort geht ja die Sonne auf, wie jedes Kind weiß. Die Maus jedoch kletterte, ohne dass das Kamel etwas bemerkte, auf den Rücken des großen Tieres und versteckte sich dort auf dem hinteren Höcker. Mucksmäuschenstill saß sie dort und traute sich kaum zu atmen. Den Kopf nach Westen gerichtet, starrte die Maus auf die Spitze eines sehr hohen Berges, der weit in der Ferne aus den Wolken ragte. So warteten die beiden Tiere auf die Sonne. Das Kamel schaute nach Osten in Richtung der aufgehenden Sonne, die kleine Maus vom Hochsitz des Kamelhöckers in Richtung Westen, dorthin wo die Sonne untergeht. Doch bevor der Sonnenball hinter dem östlichen Horizont auftauchte, trafen seine Strahlen den Gipfel des westlichen Berges und überzogen ihn mit einem strahlenden, goldenen Licht. Schon beim ersten Strahl schrie die Maus: „Die Sonne ist aufgegangen!"

Das Kamel drehte sich um, sah die goldenen Sonnenstrahlen und wusste, es hatte die Wette verloren. Es raste vor Wut und ärgerte sich darüber, dass es nicht selbst auf die Idee gekommen war, nach

Westen zu schauen. Es schüttelte sich wild und wollte die Maus vor lauter Wut und Enttäuschung zertreten. Die kleine Maus, die das Blut in den Adern des Kamels rauschen hörte, sprang auf die Erde und flitzte in einen Aschehaufen, um sich dort vor ihm zu verstecken. Im Grau der Asche konnte das Kamel die graue Maus nicht entdecken und trampelte wie wild darauf herum, ohne die Maus jedoch zu erwischen. Die listige Maus aber hatte die Wette gewonnen. Aus diesem Grund gab Buddha dem ersten Jahr des Zwölferzyklus den Namen der Maus.

Und so schrieb Buddha in sein Kalenderbuch:

Das erste Jahr ist das Jahr der Maus,
da sie so gute Ohren besitzt.
    Das zweite ist das Jahr des Rindes,
da es einen so schönen, dicken Bauch
hat.
    Das dritte ist das Jahr des Tigers,
da er auf so weichen Sohlen läuft.
    Das vierte ist das Jahr des Hasen,
da er eine so feine Nase besitzt.
    Das fünfte ist das Jahr des Drachen,
da er einen schönen, biegsamen Körper sein eigen nennt.
    Das sechste ist das Jahr der Schlange,
da sie uns mit so bannenden Augen an-
schaut.
    Das siebente ist das Jahr des Pferdes,
da es eine schöne, lange Mähne besitzt.
    Das achte ist das Jahr des Schafes,
da es in so warme Wolle gehüllt ist.
    Das neunte ist das Jahr des Affen,
da er ein leuchtendes Hinterteil besitzt.
    Das zehnte ist das Jahr des Hahns,
da er einen stolzen roten Kamm auf dem Kopf trägt.
    Das elfte ist das Jahr des Hundes,
da er auf so flinken Beinen läuft.
    Das zwölfte ist das Jahr des Schweines,
da es ein lustiges Ringelschwänzchen sein eigen nennt.

Seit diesem Tage rennen die Kamele zu jedem Aschehaufen, den sie entdecken, und trampeln ärgerlich darauf herum. Sie wollen die in der Asche versteckten Mäuse zerstampfen. Denn seit dieser denkwürdigen Begebenheit sind die kleinen grauen Felltiere ihre ärgsten Feinde.
Doch Buddha, der kein Tier bevorzugen oder benachteiligen wollte, gab dem Kamel als Ersatz die Eigenschaften aller Tiere, nach denen er die zwölf Jahre benannte.

STECKBRIEF: Kamel

„ Hallo, mein Name ist Camelus Bactrianus. Ich bin ein zweihöckriges Kamel oder Trampeltier. Mein Vetter, das einhöckrige Kamel oder Dromedar, und ich sind Altweltkamele und man nennt uns auch Wüstenschiffe. Die Neuweltkamele in Südamerika, wie Lamas und Vicunjas, hast du vielleicht auch schon einmal im Zoo gesehen. Wir sind alle miteinander verwand und sind die Kamelfamilie.

Wir Altweltkamele sind sehr große Tiere, haben einen dünnen Hals, einen kleinen Kopf und sehr lange Beine. Bist du schon einmal auf einen Kamel geritten? Wenn du im Sattel sitzt und nach unten schaust, merkst du erst so richtig, wie groß wir sind.

Ich bin ein Säugetier und ein Paarhufer. Paarhufer haben entweder zwei oder vier Zehen. Ich besitze nur zwei Zehen und habe Schwielensohlen.

Wir Kamele lieben trockene Gegenden: Wüsten, Halbwüsten und Steppen mögen wir sehr. Früher haben wir nur in Asien gelebt. Aber dann haben uns die Menschen nach Afrika und Australien gebracht, damit wir dort für sie Lasten durch die Wüsten tragen. Du kannst uns sogar in Europa finden, allerdings nur im Zoo oder Zirkus.

Wir Kamele können tagelang durch die Wüste wandern, ohne zu fressen oder zu trinken. Viele Menschen denken, unsere Höcker wären Wasserspeicher. Das stimmt aber nicht. Im Höcker speichern wir Fett. Wenn wir nichts zu fressen finden, nimmt sich der Körper seine Nahrung aus diesem Fettspeicher. Wenn das Fett aufgebraucht ist, erschlafft der Höcker und sieht aus wie ein Ballon, aus dem man die Luft herausgelassen hat. Dann wird es für uns höchste Zeit, etwas zu fressen zu finden.

Wir können viele Tage ohne Wasser auskommen, das schafft ihr Menschen nicht. Wir gehen mit dem ge-trunkenen Wasser sehr sparsam um. Wir pinkeln fast überhaupt nicht und auch unser Dung ist sehr trocken. Wir versuchen eben, so viel Wasser wie möglich im Körper zu behalten.

Wenn du einen Spiegel anhauchst, wird er durch deine Atemluft feucht. Wir Kamele dagegen sparen Wasser und atmen trockene Luft aus, die fast genauso trocken ist wie die Wüstenluft, die wir einatmen. Wir können mit unseren dicken Sohlen und gepolsterten Zehen problemlos durch die Wüste laufen, ohne in den feinen Sand einzusinken. Auch ein Wüstensturm kann uns nichts anhaben. Unsere langen Wimpern fangen den Sand auf und wir verschließen die Nasenlöcher (Nüstern). Sogar die Hitze macht uns nichts aus. Die langen Beine halten unseren Körper weit weg von der Bodenhitze, so dass wir gemütlich durch die Wüste laufen, ohne zu schwitzen.

Am liebsten fressen wir Pflanzen. Oft geben uns die Nomaden, so heißen die Menschen, die mit uns von einem Ort zum anderen ziehen, ein Stückchen Salz, weil sie wissen, dass Salz für uns Kamele wichtig ist. Wir helfen den Menschen als Lasttiere, tragen Gepäck und Waren durch die Wüste, geben den Menschen Milch und unsere Wollhaare, aus denen sie sich Pullover, Jacken und Wollmützen stricken. „

Wissenswertes über Kamele

Das Kamel ist ein Säugetier. Es lebt in der Wüste.
- ist ein Paarhufer.
- ist ein Schwielensohler.

Das **Dromedar** hat einen Höcker.
Das **Trampeltier** hat zwei Höcker.

Kannst du den Steckbrief vervollständigen?

Botgo – das Kamelfohlen

(trad. aus der Mongolei, dt. Text: Pit Budde)

In der gro-ßen Mit-tags-hit-ze klingt es: bun bun bun bun bun bun.

Ich hör mei-ne Mut-ter ru-fen, hör sie sin-gen: bun bun bun

bun bun bun. Um den Pfahl läuft sie im Krei-se und ruft:

bun bun bun bun bun bun. Hörst du mei-ne Mut-ter ru-fen,

hör sie sin - gen: bun bun bun bun bun bun

bun bun bun bun bun bun bun bun bun bun.

Gangiin haluun narand
Minii eejiin: bun bun bun bun bun bun.
Gadsaa toirood builaad baidag
Minii eejiin: bun bun bun bun bun bun.
Udiin haluun narand
Minii eejiin: bun bun bun bun bun bun.
Unsee toirood builaad yawdag
Minii eejiin: bun bun bun bun bun bun.

In der großen Mittagshitze
klingt es: bun bun bun bun bun bun.
Ich hör meine Mutter rufen,
hör sie singen: bun bun bun bun bun bun.
Um den Pfahl läuft sie im Kreise
und ruft: bun bun bun bun bun bun.
Hörst du meine Mutter rufen,
hör sie singen: bun bun bun bun bun bun.

Kamel-Karawane

Viele Hundert Jahre zogen mit schweren Waren beladene Kamelkarawanen durch die Wüsten Asiens und Afrikas. Die „Wüstenschiffe" sind genügsame Tiere und können lange Zeit ohne Wasser und Fressen auskommen. Ihre Höcker sind ein perfekter Energiespeicher, von dem sie mehrere Wochen zehren können.

Alter: ab 4 Jahren

Die kleinen Kamelfohlen üben schon einmal, wie sie später in einer Karawane durch die Wüste ziehen werden. Alle kleinen Kamele stellen sich hintereinander in eine Reihe. Das größte Kind spielt das Führungstier und stellt sich an die Spitze der Karawane. Jedes Kind fasst nun mit beiden Händen die Schultern des vor ihm stehenden Kindes – dann kann die Karawane losziehen. Gemächlich, im Wiegeschritt ziehen die Kamele in einer Schlangenlinie über das Gelände.

Plötzlich sehen sie am Horizont eine Gruppe von Räubern, die es auf sie abgesehen haben. Jetzt muss die Karawane schneller laufen, allerdings dürfen sich die Kinder nicht loslassen. Ohne ihren Anführer wissen die kleinen Kamele nicht wohin und können sich leicht in der großen Wüste verlaufen. „Puh!" Ist alles noch mal gut gegangen. Langsam schaukelnd zieht die Karawane weiter. Endlich sehen sie in weiter Ferne das heimatliche Lager mit der Wasserstelle, an der sie ihren Durst löschen können. Jetzt werden die Kamele wieder schneller, aber nicht vor Angst, sondern weil sie sich auf ihr Lager freuen.

Wie ein Kamel im Passgang schaukeln

Neben der Giraffe gehört das Kamel zu den wenigen Tierarten, die den Passgang beherrschen. Deshalb läuft es in einem schönen, schaukelnden Gang. Beim Passgang werden jeweils die Beine derselben Körperseite im Gleichschritt bewegt.

Alter: ab 4 Jahren

Die Kinder hocken sich auf alle Viere hintereinander in eine Reihe wie in einer Karawane. Gibt das erste Kamel, das Leitkamel, ein Zeichen, marschiert die Karawane gemächlich los. Dabei bewegen die Kinder immer zuerst den rechten Arm und das rechte Bein nach vorne, um anschließend den linken Arm und das linke Bein nachzusetzen.

Der Tiger im Käfig

Material: Kreide oder Tücher
Alter: ab 4 Jahren
Anzahl: viele Kinder

Im Außengelände mit Kreide ein Viereck auf den Boden als Käfig malen. Drinnen den Käfig durch Tücher darstellen.
Ein Kind spielt den Tiger, ein anderes den Wärter, alle anderen sich selbst. Der Tiger hockt in seinem Käfig, der Wärter bewacht ihn. Die Kinder stolzieren vor dem Käfig auf und ab und singen:
„Großer Tiger, fang uns doch,
komm aus deinem Käfig raus!"
So geht das eine Zeit, bis plötzlich der Wärter ruft: „Tiger, du bist frei!"
In diesem Moment rennt der wütende Tiger los und versucht, eines der Kinder zu fangen. Hat er eines erwischt, schreit er ganz schnell zweimal: „Großer Tiger, großer Tiger!"
Das gefangene Kind kann sich nicht mehr losreißen, wird selbst zum Tiger und muss mit in den Käfig.
Das Spiel geht in die nächste Runde.

1. Variante

Sind schon mehrere Tiger im Käfig, ruft der Wärter: „Tigerpaare, ihr seid frei!"
Jetzt müssen sich je zwei Tiger an der Hand halten und ein Kind mit ihren beiden freien Händen fangen.

2. Variante

Sind sehr viele Kinder zu Tigern geworden, ruft der Wärter: „Alle Tiger zusammen!"
Jetzt halten sich alle Tiger an der Hand und jagen in einer Linie. Um ein Kind zu fangen, umzingeln sie es und schließen den Kreis mit den beiden freien Händen.
Das letzte übrig gebliebene Kind wird neuer, erster Tiger.

STECKBRIEF: Elefant

„ Hallo, mein Name ist Hathi, ich bin ein indischer Elefant. Ich bin ein Säugetier und auch ein Rüsseltier. Nach meinen Geschwistern in Afrika bin ich das größte lebende Landtier auf der ganzen Erde. Gräser, Blätter, Blüten und Früchte sind mein Lieblingsfutter. Wenn ich nichts Besseres finde, fresse ich sogar die Äste von Bäumen.
Mein Rüssel sieht witzig aus, oder? Er ist meine verlängerte Nase. Mit ihm kann ich greifen wie mit einer Hand. Ohne meinen Rüssel würde ich verhungern und verdursten. Mit ihm sauge ich Wasser und spritze es in mein Maul oder über meinen Körper, um mich zu duschen. Beim Baden oder Schwimmen benutze ich meinen Rüssel sogar als Schnorchel.
Mit ihm rupfe ich Blätter von den Bäumen und stopfe sie mir ins Maul. An der Spitze meines Rüssels sind Tasthaare, mit denen ich den Boden abtasten oder andere Elefanten vorsichtig streicheln kann.
Ich sehe zwar nicht besonders gut, kann aber dafür umso besser riechen. Meistens halte ich dabei den Rüssel hoch. Berühmt ist meine Intelligenz, denn ich kann mir vieles merken.

Ich habe zwei Arten von Zähnen, Schneidezähne, die zu Stoßzähnen geworden sind, und kräftige Backenzähne. Ich kaue immer mit den vorderen Backenzähnen. Diese können nachwachsen, wenn sie abgewetzt sind. Meine Haut ist dick und schrumpelig, aber sehr empfindlich. Deshalb bade ich oft, suhle mich im Schlamm, bestäube mich mit Erde oder scheuer mich an Bäumen, um meine Haut zu pflegen. Wir Elefanten besitzen kein Fell. Haare haben wir nur an den Augen als Wimpern und am Schwanz.

In der Natur lebe ich in einer großen Herde und auch im Zoo bin ich nicht gerne alleine. Meistens wird die Herde von der ältesten Elefantenkuh angeführt. Wir Elefanten brauchen viel Platz, viel Nahrung und trinken viel Wasser.

Wir spielen gerne mit Stöcken und Ästen, im Zoo sogar mit einem Ball. Meist sind wir guter Laune, aber manchmal auch sehr traurig. Wenn ein Elefant aus unserer Herde stirbt, versammeln wir uns in einem Kreis um ihn herum und trompeten unsere Trauer in einer so tiefen Stimmlage heraus, dass ihr Menschen uns nicht einmal hören könnt.

Wir können auch miteinander sprechen. Jeder unserer verschiedenen Rufe hat eine bestimmte Bedeutung. Manche Forscher verstehen sie sogar sehr gut. Die meisten Menschen glauben, wir Elefanten würden tröten, wenn wir uns oder euch begrüßen. Das stimmt aber nicht. Wir tröten nur, wenn wir Angst haben oder wütend sind.

Es gibt afrikanische und indische Elefanten. Wir indischen leben in der Savanne und im Urwald.

Jetzt fragst du dich bestimmt, wie du im Zoo einen indischen von einem afrikanischen Elefanten unterscheiden kannst. Das ist ganz einfach: Der afrikanische Elefant hat große Ohren. Dort, wo er lebt, ist es heiß und er kann sich mit den Ohren Luft zufächeln und sich abkühlen. Er ist viel größer und sein Rüssel hat zwei Greiffinger. Der indische Elefant hat kleinere Ohren, nur einen Greiffinger am Rüssel und zwei Buckel auf dem Kopf. Bei den Weibchen fehlen meist die Stoßzähne, bei den Männchen sind die Stoßzähne viel kleiner und fehlen sogar manchmal.

Nur die indischen Elefanten helfen den Menschen bei der Arbeit und tragen für sie schwere Lasten oder lassen sich dressieren und treten im Zirkus auf. Obwohl wir Elefanten freundliche Tiere sind, werden wir wegen unserer Stoßzähne gejagt. Außerdem gibt es immer weniger ungestörte Gegenden, in denen wir eine Heimat finden. Deshalb leben wir nur noch in wenigen Ländern Afrikas und Asiens. **"**

Wissenswertes über Elefanten

Der Elefant ist das größte Landsäugetier.

Er ist ein Pflanzenfresser.

- hat Stoßzähne.
- hat eine verlängerte Nase, den Rüssel.
- kaut mit den vorderen Backenzähnen.
- ist das Wappentier in manchen afrikanischen Ländern.
- gilt als weise, aber auch als nachtragend.

Weißt du noch mehr?

Gib dem Elefanten den Rüssel zurück!

Dieses Spiel kann in vielen Variationen mit den verschiedensten Tierarten gespielt werden. Varianten davon sind: „Gib dem Affen seinen Schwanz zurück" oder „Gib dem Adler die Feder zurück".

Material: Pappe (ca. 1 × 1 m), graue, schwarze und weiße Farbe, Schere, pro Kind 1 Bastelkarton für den separaten Rüssel, Klebepads, Tuch (zum Verbinden der Augen), kleines Geschenk
Alter: ab 4 Jahren (mit Hilfe eines Erwachsenen)
Vorbereitung: Das Bild eines Elefanten ohne Rüssel auf die Pappe zeichnen, ausmalen und in Augenhöhe der Kinder an einer Wand befestigen. Für jedes Kind einen Elefantenrüssel im gleichen Maßstab auf den Bastelkarton zeichnen und ebenfalls anmalen.

Alle Kinder schauen sich gemeinsam den Elefanten ohne Rüssel an. Jedes Kind erhält einen aufgemalten Rüssel aus Pappe, den es ausschneiden darf. Auf die Rückseite des Rüssels klebt es ein Klebepad.

Einem Kind werden die Augen verbunden, dann wird es ein paar Mal um die eigene Achse gedreht. Es nimmt seinen mit einem Klebepad versehenen Elefantenrüssel in die Hand und wird zum Elefantenbild geführt. Jetzt versucht es sich daran zu erinnern, wo der Rüssel des Elefanten hingehört. Dabei helfen die anderen Kinder, indem sie „heiß" oder „kalt" rufen. Hat das Kind sich für eine Stelle entschieden, klebt es den Rüssel dorthin. Dann nimmt es das Tuch von den Augen und bestaunt mit den anderen seinen Elefanten, bei dem der Rüssel vielleicht auf der Stirn oder am Fuß ansetzt. Jetzt ist das nächste Kind an der Reihe. Ganz gleich, wo der Rüssel eines jeden Kindes gelandet ist, er bleibt dort, bis auch das letzte Kind seinen Versuch durchgeführt hat. Gelingt es einem Kind, den Rüssel an die richtige Stelle zu heften, bekommt es ein kleines Geschenk.

ZEICHENVORLAGE ELEFANT

Wie man einen Elefanten wiegt
(China)

Heutzutage ist es überhaupt nichts Ungewöhnliches mehr, ein Tier zu sehen, das aus einem weit entfernten Land stammt. Wir gehen in den Zoo, gucken uns einen Tierfilm im Kino oder Fernseher an, schauen ins Internet oder in ein Tierbuch.

Vor einigen Jahrhunderten war das noch völlig anders. Wenn ein Tier, das noch niemand vorher gesehen hatte, aus der Ferne in das Land gebracht wurde, war dies eine Sensation und die Menschen kamen von weit her, um es anzusehen. Genau das geschah vor langer, langer Zeit in China, als der Kaiser von einem Herrscher aus Indien einen Elefanten geschenkt bekam. Der gesamte kaiserliche Hof war erstaunt und aufgeregt, so ein wunderbares Tier zu beobachten und zu besitzen. Viele Menschen kamen von weit, um dieses Wunder zu bestaunen. Und alle stellten sich immer wieder die gleiche Frage: Wie schwer mag dieses riesige Tier wohl sein?

Auch der Herrscher selbst stellte sich diese Frage. Und so rief er seine Berater zusammen, um die Antwort zu ermitteln. Doch niemand wusste die Frage zu beantworten. In ganz China gab es keine Waage, die groß genug war, das gigantische Tier darauf zu wiegen.

Der Kaiser hatte schon fast die Hoffnung aufgegeben, da meldete sich sein sechs Jahre alter Sohn zu Wort. „Vater", sagte er, „ich weiß, wie wir den Elefanten wiegen können."

Die Berater des Kaisers runzelten die Stirn und lachten über den vorlauten Jungen. Doch nachdem er seine Idee erklärt hatte, lachte niemand mehr.

„Hört mir gut zu", sprach er. „Bringt den Elefanten auf ein großes Schiff, das im Meer, auf einem See oder Fluss schwimmt. Zeichnet eine Linie auf das Schiff an der Stelle, bis zu der das Wasser reicht, wenn der Elefant an Bord ist. Dann zieht das Schiff ans Ufer und lasst den Elefanten aussteigen. Daraufhin füllt ihr das Schiff mit so vielen Steinen, dass das Wasser die gleiche Linie erreicht wie vorher, als der Elefant auf dem Schiff war. Anschließend nehmt ihr die Steine aus dem Schiff und wiegt jeden einzelnen. Die Summe aller Steine ist das Gewicht des Elefanten!"

„Wunderbar, wie wunderbar!", riefen der Kaiser und seine Berater. Und der Ruhm des weisen Prinzen verbreitete sich schnell über das ganze Land.

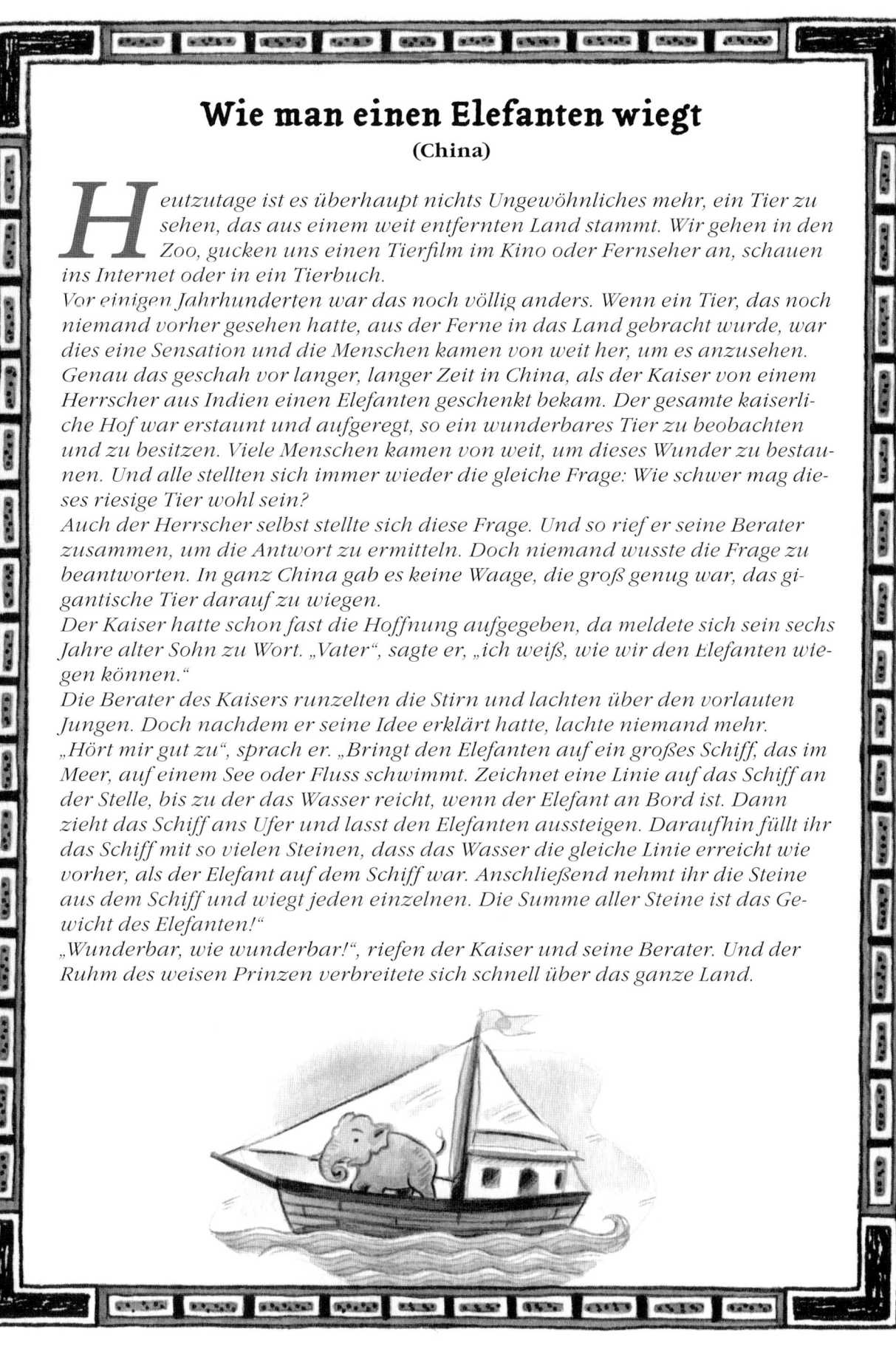

Der sitzende Python

Pythons sind Riesenschlangen und leben in Asien, Afrika und Australien. Die größten Exemplare können fast 10 m lang werden. Sie besitzen keine Giftzähne. In vielen Zoos kannst du sie beobachten.

Alter: ab 4 Jahren
Anzahl: mind. 10 Kinder

Die Kinder stellen sich dicht hintereinander in eine Schlangenlinie. Jedes Kind umfasst mit beiden Händen die Taille des jeweils vor ihm stehenden Kindes. Dann gehen die Kinder gemeinsam und langsam in die Hocke, so dass alle auf dem Oberschenkel des jeweils hinteren Kindes sitzen.

Eine Kette aus Affen

Affen sind hervorragende Kletterer. Meistens sind sie in Gruppen oder Familienverbänden zu beobachten. Wir basteln uns eine eigene Affenfamilie.

Material: weißes Bastelpapier, Farbstifte, Schere, lange Schnur
Alter: ab 4 Jahren

Die Affenform mehrmals auf das Bastelpapier übertragen und ausmalen, dabei das Gesicht nicht vergessen, und ausschneiden. Entlang der gestrichelten Linien falten. Die Schnur durch ein Zimmer der Einrichtung ziehen und an der Wand befestigen. Viele Affen halten sich mit einem Arm, Bein oder dem Schwanz an der Schnur fest. Alle anderen Affen halten sich an den Armen, Beinen oder Affenschwänzen der anderen Affen fest.

Kleine Schwalbe

Nr. 26

(M.: trad. aus China / dt. Text: Pit Budde)

Klei-ne Schwal-be, komm! Bring den Früh-ling mit. Je - des Jahr kommst

du zu uns zu-rück. Schwal - be sprich, wa-rum be - suchst du uns?

Ich komm' so gern in eu - er Land und bring den Früh-ling mit.

Kleine Schwalbe, komm!
Bring den Frühling mit.
Jedes Jahr kommst du zu uns zurück.
Schwalbe sprich, warum besuchst du uns?
Ich komm' so gern in euer Land
und bring den Frühling mit.

Kranichtanz

Kraniche sind berühmt für ihre wunderschönen Tänze. In Japan gelten Kraniche als heilige Tiere.

Material: Xylophon (oder Boomwhackers), Handtrommeln
Alter: ab 4 Jahren

Viele ostasiatische Musikkulturen, wie die chinesische und japanische, benutzen pentatonische Skalen. Aus dem Xylophon die Halbtonschritte entfernen, um so die pentatonische Reihe (Fünftonleiter) zu ermöglichen: **C, D, E, G, A, C.** Bei den Boomwhackers nur diese fünf Töne mit der Oktave benutzen.

Die Handtrommeln geben einen einfachen Rhythmus vor, zu dem die vorgegebene pentatonische Melodie gespielt wird. Alle nicht musizierenden Kinder spielen Kraniche und tanzen anmutig zur Musik. Sie bewegen die Arme als Flügel auf und ab und schreiten würdevoll durch den Raum. Ist die Melodie beendet, stoppen die musizierenden Kinder plötzlich. Jeder Kranich geht zu dem jeweils nächststehenden Kranich und beide umarmen sich. Dann beginnt die Musik von Neuem.

STECKBRIEF: Der große Panda

„ Hallo, ich bin der große Panda. Man nennt mich auch Bambusbär oder Prankenbär. Meine Heimat ist ein kleiner Landstrich in China. Wir Pandas sind so wenige, da hat uns der WWF (World Wild Fund for Nature), das ist eine große Naturschutzorganisation, als sein Wappentier ausgewählt.

Weil ich im Gebirge lebe, wo es im Winter sehr kalt werden kann, habe ich ein dichtes, wolliges Fell und darunter eine dicke Speckschicht. Mein Fell ist weiß und hat große schwarze Flecken. Wie die anderen Großbären habe ich einen Stummelschwanz. Du wirst mich mit keinem anderen Tier der Welt verwechseln, denn mein Markenzeichen ist die schwarze Augenmaske!

Ich halte mich gerne auf dem Boden auf, kann aber auch klettern und schwimmen. Wenn ich nicht gerade auf allen Vieren herumlaufe, sitze ich auf dem Po und fresse. Dabei habe ich die Vorderpfoten frei und kann nach der Nahrung greifen. Ich gehöre zwar zu den Raubtieren, bin aber trotzdem ein Pflanzenfresser. Nur ab und zu fresse ich mal Insekten und kleine Wirbeltiere. Am liebsten mag ich Bambus. Ich habe

insgesamt sechs Finger an jeder Pranke. Mit meinem zusätzlichen Daumen kann ich die Bambuspflanze festhalten und die leckeren Blätter abstreifen.

Ich halte keine Winterruhe wie andere Bären, denn in den Bergwäldern meiner Heimat gibt es auch im Winter genügend Nahrung für mich. Meist bin ich nachts aktiv und verschlafe den Tag in einer Baumhöhle oder Felsspalte.

Ich bin ein Einzelgänger. Nur zur Paarungszeit treffe ich mich mit anderen Pandas. Gejagt werden wir nicht. Bloß der Schneeleopard könnte mir gefährlich werden. Da wir viel Bambus fressen, brauchen wir ein großes Gebiet, um genug Nahrung zu finden. Doch es gibt inzwischen so viele Menschen in China, dass der Platz für uns immer kleiner wird. „

Wissenswertes über große Pandas

Der Panda ist ein Säugetier.
Er frisst Bambus.
- ist ein Großbär.
- hat einen zusätzlichen Daumen.
- lebt in China.
- hat abgerundete Ohren, einen großen Kopf und einen Stummelschwanz.
- hat Fußsohlen, die wie beim Eisbären behaart sind.

Kannst du den Steckbrief vervollständigen?

PANDA

Der hungrige Panda

Ein kleiner Panda hat Hunger und sucht nach den leckeren Bambusschößlingen. In den Bergen ist Nebel aufgezogen und er kann die Hand nicht vor den Augen erkennen.

Material: Teller, gekochte Bambusschößlinge (aus dem Asia-Shop), 1 Topf mit Deckel, Kochlöffel aus Holz, Tuch (um die Augen zu verbinden)
Alter: ab 4 Jahren

Einem Kind werden die Augen verbunden. Etwas Bambus in den Topf legen und mit dem Topfdeckel zudecken. Das Kind ein paar Mal drehen, damit es seine Orientierung verliert, es auf alle Viere setzen und ihm den Kochlöffel in die Hand geben. Jetzt sucht der kleine Pandabär im Nebel nach seinem Lieblingsfutter. Die anderen Kinder helfen, indem sie „heiß" oder „kalt" rufen, je nachdem ob sich der Panda seinem Futter nähert oder sich davon entfernt. Der Panda klopft mit dem Holzlöffel, bis er den Topf gefunden hat. Dann nimmt er das Tuch von den Augen, darf den Bambus verspeisen und das nächste Kind wird zum hungrigen Panda.

Kennst du die Tiere in Asien?
(Maya- Kreuzworträtsel)

Waagerecht
1. Große Katze, die manchmal im Schnee lebt
2. Große Eule mit der Farbe eines Habichts
3. Die Brillenschlange
4. Das Wüstenschiff
5. Der Waldmensch

Senkrecht
6. Alle Schlangen fürchten ihn
7. Trägt ein Horn auf der Nase
8. Anmutiger Tänzer im schönen Federkleid
9. Kennen manche unter dem Namen Shir Khan
10. Der schwarz-weiße Bambusbär

Lösungen: 1. **Leopard**, 2. **Habichtskauz**, 3. **Kobra**, 4. **Kamel**, 5. **Orang-Utan**, 6. **Mungo**, 7. **Nashorn**, 8. **Kranich**, 9. **Tiger**, 10. **Panda.**

Die Tierwelt Nordamerikas

„ Hello, Leute, darf ich mich vorstellen? Meine Name ist Billy Bison, ich wohne auf den großen Prärien in Nordamerika. Ihr habt mich sicher schon einmal in einem Film oder auf einem Foto gesehen. Ich bin groß und stark und habe ein dickes, braunes Fell. Einer meiner Verwandten wohnt bei euch in Europa, Walter Wisent, der sieht so ähnlich aus wie ich. Na ja, er ist ein wenig schmaler. Grüßt ihn schön von mir! Viele Menschen nennen uns Büffel. Wir sind aber Bisons und keine Büffel. Der Büffel ist ein anderes Tier und lebt in Afrika und Asien.

Früher zogen wir Bisons in riesigen Herden auf den großen Grasebenen umher. Nachdem die Europäer, die nach Amerika einwanderten, uns gejagt haben, waren nur wenige von uns in Reservaten und Nationalparks übrig geblieben. Mittlerweile gibt es wieder mehr von uns und das ist auch gut so.

Ich bin schon ziemlich weit herumgekommen in Nordamerika. Die Kälte macht mir nicht viel aus, auch wenn es mal kräftig schneit, stürmt und wochenlang friert. Wozu habe ich denn mein dickes Fell? Aber überall, wo der Wald zu dicht wird, es zu gebirgig oder zu trocken ist, gehe ich lieber nicht hin. Im ewigen Eis, hoch oben im Norden, leben die Eisbären, Polarfüchse und Schneeeulen. In der Tundra gibt es Elche, Karibus, Vielfraß und Adler. Im Hochgebirge der Rocky Mountains findest du Braunbären, Bighorn-Schafe und Schneeziegen. In den Wüsten gibt es Klapperschlangen, Gila Monster und Kanincheneulen. An den Küstenstreifen des gesamten Kontinents kannst du Meeressäuger wie Wale, Robben, Seeelefanten und auch Seeotter beobachten.

Leider haben die weißen Einwanderer sehr viele wilde Tiere erschossen, Wälder abgeholzt und große Flächen eingezäunt. Es gab immer weniger Platz für uns wilde Tiere. Die Bisonherden verschwanden so aus den Prärien; der kalifornische Grizzly, ein großer Braunbär, starb aus. Sogar der Weißkopfseeadler, das Wappentier der Vereinigten Staaten von Amerika, wurde immer seltener. Irgendwann haben ein paar schlaue Menschen begriffen, dass es so nicht weitergeht. Sie haben Nationalparks geschaffen, viele Tierarten unter Schutz gestellt und Schutzzonen eingerichtet, in denen wir ungestört leben können. Sie haben sogar die letzten frei lebenden Exemplare des Kalifornischen Kondors eingefangen. Als die sich dann in Gefangenschaft wieder vermehrt hatten, wurden sie in ihre alte Heimat zurückgebracht. Jetzt kannst du die riesigen Vögel in den Bergen von Kalifornien und im Grand Canyon beobachten, wo sie schon seit Tausenden von Jahren leben. Und wenn du in der Prärie unterwegs bist, wirst du mit ein wenig Glück und Geduld auch mich, den Bison, wiederfinden. "

Wie der Uhu seine großen Augen bekam

(Irokesen, USA, Kanada)

Raweno, der Große Geist, war gerade dabei, die Tiere zu erschaffen. In seinen Händen formte er Hase und der sprach:

„Ich möchte schöne lange Beine und so lange Ohren wie das Reh und noch scharfe Krallen und Tatzen wie der Puma."

„Das kannst du alles haben", sprach Raweno. „Du bekommst alles, was du möchtest."

Er formte die Hinterbeine des Hasen lang, so lang wie er sie sich gewünscht hatte.

Uhu, der auch noch nicht geformt worden war, saß auf einem Baum in der Nähe und wartete darauf, dass er endlich an die Reihe kam.

„Schuh, Schuh, Schuh, ich möchte einen hübschen langen Hals wie der Schwan, so wunderschöne rote Federn wie der Kardinal, einen hübschen Schnabel wie der Silberreiher und eine Federkrone wie der Seidenreiher. Ich möchte, dass du mich zum schönsten, schnellsten und wunderbarsten aller Vögel machst."

Raweno sprach: „Sei still! Dreh dich um und schau in eine andere Richtung. Oder noch besser, schließ deine Augen. Weißt du nicht, dass mir niemand bei der Arbeit zusehen darf?"

Dabei formte Raweno die Ohren des Hasen so lang, wie er sie sich gewünscht hatte.

Doch Uhu dachte nicht im Traum daran, auf Rawenos Ermahnung zu hören.

„Schuh, Schuh, Schuh", plapperte er weiter. „Niemand kann mir verbieten zuzuschauen. Niemand kann mir befehlen, die Augen zu schließen. Ich seh dir gerne bei der Arbeit zu und ganz gleich, was du sagst, das werde ich auch weiter tun."

Da wurde Raweno richtig wütend. Er schnappte sich den Uhu und drückte seinen Kopf tief in den Körper, so dass kein Hals mehr zu sehen war. Dann schüttelte er den frechen Uhu so lange, bis ihn seine Augen riesig groß und ängstlich anblickten. Dann zog er ihn an den Ohren, bis sie an beiden Seiten des Kopfes abstanden.

„So", sagte Raweno, „das soll dir eine Lehre sein. Jetzt kannst du nicht mehr deinen Hals vorwitzig ausstrecken, um Dinge zu sehen, die dich nichts angehen. Mit deinen große Ohren wirst du ab jetzt immer hören, wenn dir jemand sagt, was du nicht tun sollst. Und jetzt hast du große Augen, aber sie sind nicht groß genug, um mir zuzuschauen, denn du wirst nur in der Nacht leben und ich arbeite am Tag. Deine Federn werden nicht so schön rot wie beim Kardinal, sondern grau wie dies hier." Er beschmierte den Uhu über und über mit Erde. „Das ist die Strafe für dein schlechtes Benehmen."

Und so flog er davon und rief: „Schuhu, Schuhu, Schuhu."
Raweno drehte sich um, denn er wollte endlich seine Arbeit am Hasen beenden. Doch der hatte es mit der Angst bekommen, als Raweno so wütend auf den Uhu wurde. Obwohl Rawenos Ärger nicht ihm galt, rannte er ängstlich davon, bevor Raweno seine Arbeit beendet hatte. Und das ist der Grund, warum die Hinterbeine des Hasen lang, die Vorderbeine aber kurz sind und er die meiste Zeit hoppelt, anstatt zu gehen. Rawenos Wut hatte ihn so erschreckt, dass der Hase bis heute vor fast jedem und allem Angst hat, und natürlich hat er aus diesem Grund auch keine Tatzen und Krallen, um sich zu verteidigen. Wäre der Hase nicht so furchtsam gewesen und hätte gewartet, bis Raweno ihn zu Ende formt, ja dann, dann wäre der Hase ein ganz anderes Tier geworden.

Specht-Spiel

Die indianischen Kinder spielten früher den Specht, indem sie Tannenzapfen aus einer vorher festgelegten Entfernung in Astlöcher alter Bäume warfen. So imitierten sie die großen schwarzen Spechte, die sie an alten Bäumen beobachteten, während die Vögel ein Loch in den Stamm hackten.

Material: pro Kind 1 Tannenzapfen, 1 Reifen (Ø ca. 30 cm), Schnur
Alter: ab 4 Jahren (mit Hilfe eines Erwachsenen)

Den Reifen draußen in etwa 150 cm Höhe an einen Ast oder in der Einrichtung in eine Türöffnung hängen. Aus zuerst zwei Meter Entfernung versucht jedes Kind, seinen Tannenzapfen durch den Reifen zu werfen. Dafür hat jedes Kind pro Runde drei Versuche. Alle, die durch den Ring treffen, kommen in die zweite Runde. Dann werfen sie aus drei Metern Entfernung. In jeder Runde wird die Entfernung größer. Das Kind mit den wenigsten Fehlversuchen in der letzten Runde gewinnt.

Schlaf, kleiner Waschbär

Nr. 28
(dt. T. & M.: Pit Budde / engl. T.: trad.)

Wasch - bär schläft in al - ten Bäu - men, will den gan - zen Tag nur träu - men. Schlaf, klei - ner Wasch - bär, schlaf, klei - ner Wasch - bär. Ku - schel dich schön ein, ku - schel dich schön ein.

1. Waschbär schläft in alten Bäumen,
will den ganzen Tag nur träumen.
Schlaf, kleiner Waschbär, schlaf, kleiner
Wachbär, kuschel dich schön ein, kuschel
dich schon ein.

2. Und dann in der tiefen Nacht
ist der Waschbär aufgewacht.
Lauf, kleiner Waschbär, lauf, kleiner Waschbär, wo's zu fressen gibt, wo's zu fressen
gibt.

3. Hoch im Baum sind süße Kirschen,
Waschbär muss sich leis' anpirschen.
Schhh, kleiner Waschbär, Schhh, kleiner
Waschbär, dass dich niemand hört und
auch keiner stört.

4. Scheint die Sonne früh am Morgen
hat sich Waschbär längst verborgen.
Schlaf, kleiner Waschbär, schlaf, kleiner
Wachbär, kuschel dich schön ein, kuschel
dich schön ein.

5. In the darkest part of night
raccoon has the best eyesight.
Look, little raccoon, look, little raccoon.
My, your eyes are bright. My, your eyes are
bright.

Waschbär-Spiel zum Lied

Alter: ab 4 Jahren

1. Bcim Singen der ersten Strophe halten
die Kinder beide Hände an die Schläfe,
legen den Kopf auf die Seite und tun so,
als würden sie schlafen.

2. Während der zweiten Strophe laufen die
Kinder auf Zehenspitzen umher und suchen Futter.

3. Beim Singen der dritten Strophe stellen
sich die Kinder auf die Zehenspitzen
und versuchen, die hoch im Baum hän-
genden Kirschen zu pflücken.

4. Während der vierten Strophe kuscheln
sich die Kinder aneinander und tun so,
als würden sie schlafen.

5. Beim Singen der fünften Strophe schau-
en die Kinder mit großen Augen und
halten eine Hand quer an die Stirn, um
sich gegen das Licht zu schützen.

WASCHBÄR

STECKBRIEF: Luchs

" Seid gegrüßt, mein Name ist Lynx Lynx. Ich bin der Luchs. Du kannst mich im Norden von Asien, aber auch in Nordamerika und in Europa treffen. In Europa bin ich nach Bär und Wolf das größte Raubtier. In Asien und Nordamerika gibt es allerdings noch andere Großkatzen, die viel größer sind als ich. Früher hat man mich überall verfolgt und gejagt. Wegen meines schönes Felles wurde ich in vielen Gegenden fast ausgerottet. Die Menschen haben sich Mäntel aus meinem Fell genäht und manche tragen noch heute einen Mantel aus Luchspelz! Dabei sieht mein Pelz viel schöner aus, wenn ich ihn selbst trage! Die Jäger mochten mich nie, denn ich jage Tiere, die sie selbst schießen wollen. Zum Glück ist es mittlerweile fast überall verboten, mich zu jagen. Langsam kehren wir in die einsamen Wälder der Gebirge zurück, aus denen wir früher geflüchtet sind. Du wirst mich trotzdem nur selten in der Wildnis sehen, denn ich lebe sehr versteckt. Dafür kannst du mich in vielen Zoos bewundern, denn ich bin eine sehr schöne Katze.

Ich habe einen rundlichen Kopf und einen schicken Backenbart, dazu wunderschöne, lange Pinselohren und einen kurzen Schwanz mit einer schwarzen Spitze. Mein geflecktes Fell ist rötlich bis gelbbraun und verliert im Winter etwas seine Farbe.

Hast du schon einmal den Satz gehört: „Er hat Augen wie ein Luchs?" Das sagt man, weil ich sehr gut sehen kann und genauso gut hören. Dafür rieche ich nicht so gut. In der Dämmerung und in der Nacht gehe ich allein auf die Jagd. Es kann noch so dunkel sein, ich sehe und höre alles! Ich laure auf Beute oder schleiche mich an.

Ich jage Vögel, Murmeltiere, Rotfüchse, Marder, Mäuse, Wildschweine, Rehe und andere Säugetiere.

Über Bären, Wölfe, Tiger und Löwen habt ihr Menschen euch viele Märchen ausgedacht. Wer kann ein Märchen über mich erzählen oder erfinden? "

Wissenswertes über Luchse

Der Luchs ist ein Säugetier.
Er ist eine hochbeinige Großkatze.
- hat einen Backenbart und lange Pinselohren.
- hat einen kurzen Schwanz.
- kann sehr gut sehen und hören.
- jagt in der Dämmerung.

Vervollständige diesen Steckbrief.

Hase und Luchs

Der Luchs ist eine große Raubkatze. Luchse sind sehr selten und du wirst sie nur im Zoo beobachten können. In der Wildnis ernähren sich Luchse vor allem von Hasen, Kaninchen und kranken Rehen. Sie sind sehr wichtig für das biologische Gleichgewicht in den Wäldern.

Alter: ab 4 Jahren
Anzahl: viele Kinder

Alle Kinder setzen sich im Kreis auf den Boden. Ein Kind spielt den Hasen. Es hoppelt außen um den Kreis und klopft jedem Kind leicht auf den Kopf. Dabei sagt es jeweils „Hase", „Hase", „Hase". Doch irgendwann sagt es zu einem Kind: „Luchs". Der Luchs springt auf und rennt ganz schnell hinter dem Hasen her. Schafft es der Hase, den frei gewordenen Platz zu erreichen, bevor der Luchs ihn erwischt hat, setzt er sich ganz schnell hin und ist gerettet. Dann spielt der Luchs den nächsten Hasen. Erwischt ihn der Luchs vor dem rettenden Platz, bleibt der Hase auch in der nächsten Runde des Spieles Hase.

LUCHS

STECKBRIEF: Weißkopfseeadler

" Hi Folks, ich heiße Bald Eagle und bin der Weiß-kopfseeadler. Ich lebe in Nordamerika und bin der Wappenvogel der USA. Ich bin ein Greifvogel und habe einen großen Kopf, scharfe Adleraugen und einen kräftigen, gelben Hakenschnabel. Wir Adler sind stärker als alle anderen Vögel. Unsere Beine sind sehr kräftig und unsere Zehen sind lang und haben große, gebogene Krallen. Sie sind unsere Waffen. Wir Adler tragen Federn an den Beinen, die wie eine Hose aussehen. Schau mal nach, ob ich auch eine Hose trage.

Mich kannst du leicht von anderen Greifvögeln unterscheiden. Mein Kopf, mein Hals und mein Schwanz sind weiß. Mein Körper und meine Flügel dagegen dunkelbraun. Meine Füße, mein Schnabel und meine Augen sind hellgelb.

Ich lebe in der Nähe von Flüssen, Seen und an der Küste, deshalb heiße ich auch Seeadler. Dort ernähre ich mich meist von Fischen. Mein Lieblingsfisch ist der Lachs. Ich bin ein geschickter Flieger. Im Sturzflug jage ich hinunter und greife mir den Fisch mit meinen langen scharfen Krallen. Dann fliege ich mit ihm ans Ufer, um ihn dort zu fressen. Manchmal fange ich auch Seevögeln und Säugetiere. Wenn ich überhaupt nichts finde, fresse ich auch Aas.

Meine Nester baue ich aus dicken Ästen auf alten, hohen Bäumen oder in Felshöhlen. Ich polstere sie mit Moos und Gras, damit die Eier, die ich bebrüte, vor Wind und Kälte geschützt sind. Meine Jungen haben es in dieser Mulde auch schön warm. Unsere Kinder ziehen wir Adler gemeinsam auf. Das Männ-chen jagt und das Weibchen passt auf die Kinder auf. Die Nahrung wird gerecht geteilt. Haben wir einen Partner gefunden, so bleiben wir das ganze Leben zusammen.

In der Natur haben wir keinen Feind außer dem Men-schen, der uns früher gejagt hat und unsere Umwelt vergiftet. Vor wenigen Jahren gab es in den USA nur noch ganz wenige Weißkopfseeadler. Doch seit die Natur besser geschützt wird, sind wir wieder mehr geworden. Schließlich sind wir ja das Wappentier der USA. "

Wissenswertes über Weißkopfseeadler

Der Weißkopfseeadler ist ein Greifvogel. Er hat sehr gute Augen.
● frisst gerne Fische.
● jagt dem Fischadler die Beute ab.
● ist nah verwandt mit dem europäischen Seeadler.

Weißt du noch mehr über den Weißkopf-seeadler?

Adlerfeder aus Papier

Adlerfedern haben für viele indianische Völker eine große Bedeutung. Als Schmuck, aber auch in religiösen Ritualen spielten sie eine wichtige Rolle.

Material: weißer Bastelkarton, Bleistift, Schere, schwarze und rote Farbe oder Stift, kleine Sicherheitsnadel
Alter: ab 4 Jahren

Die Vorlage in gewünschter Größe auf den Bastelkarton übertragen und entspre-chend anmalen. Jedes Kind schreibt sei-nen Namen oder einen ausgedachten indi-anischen Namen auf die Feder. Die Feder ausschneiden und mit der Sicherheitsna-del an der Kleidung befestigen.

ADLER-FEDER

Die Grizzlys fangen Lachse

Grizzlys, die großen amerikanischen Braunbären, sind wirkliche Feinschmecker. Im Herbst, wenn die Lachse in die Flüsse ziehen, um im seichten Gewässer zu laichen, also ihre Eier abzulegen, warten die Grizzlys schon an günstigen Stellen, um sich ein paar fette Fische aus dem Wasser zu angeln. Natürlich haben sie keine Angeln. Sie fangen die Lachse entweder mit ihren großen Krallen oder schnappen sie sich mit dem Maul direkt aus dem Fluss.

Material: 1 Wanne, Wasser, doppelt so viele Äpfel (mit Stiel!) wie Kinder
Alter: ab 4 Jahren

Wie die Bärenjungen lernen die Kinder, mit dem Mund einen Happen aus dem Wasser zu fangen. Sie benutzen zu diesem Geschicklichkeitsspiel allerdings keine Fische, sondern Äpfel mit einem Stiel.
Die Wanne zur Hälfte mit Wasser füllen und einige Äpfel mit den Stielen nach oben hineinlegen. Nacheinander beugt sich jedes Kind über die Wanne und schnappt sich mit den Zähnen einen Apfel. Sind alle Äpfel gefangen, werden sie gemeinsam genüsslich verspeist.

Tattoos aus dem Kalten Regenwald

Die Indianer an der nördlichen Pazifikküste in den USA und Kanada haben eine sehr berühmte Kunst geschaffen. Totempfähle blicken aufs Meer, große Masken werden für Feste und Zeremonien geschnitzt. Fast immer sind Tiere auf Totempfählen und Masken zu erkennen. Die wunderschönen Tierzeichnungen und -drucke eignen sich gut als Schablonen für Tattoos.

Material: Tattoo-Schablonenfolie (biegsam), Stift, Schere oder Cutter, Tattoostift
Alter: ab 6 Jahren (ab 4 Jahren mit Hilfe eines Erwachsenen)

Eine der Vorlagen auf die Folie übertragen und vorsichtig ausschneiden. Die fertige Schablone auf die Haut legen und mit dem Tattoostift ausmalen.

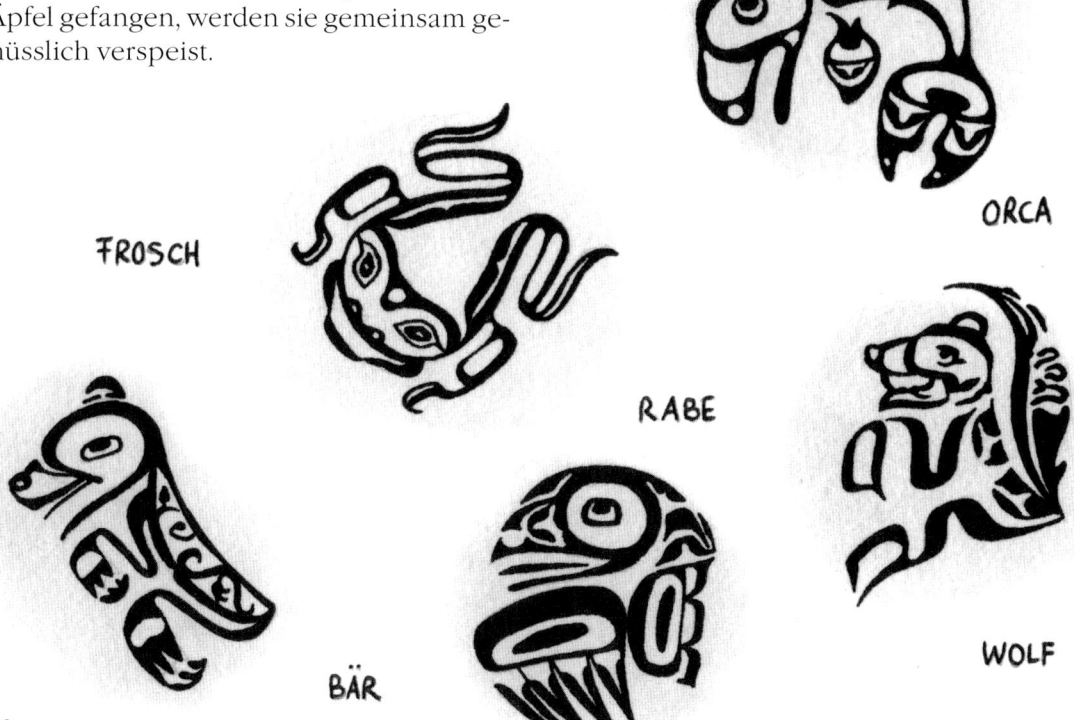

FROSCH

ORCA

RABE

BÄR

WOLF

Wilde Tiere in der indianischen Zeichensprache

Als Christoph Kolumbus seinen Fuß auf den amerikanischen Kontinent setzte, hatte er die „Neue Welt" natürlich nicht entdeckt. Seit Tausenden von Jahren lebten Hunderte verschiedene Völker mit eigenen Sprachen und Kulturen in Nord- und Südamerika. Einige Völker Nordamerikas hatten eine Zeichensprache entwickelt, mit der sie sich verständigen konnten, ohne die gesprochene Sprache des anderen zu beherrschen. Die Tiere spielten im Leben der Jägervölker eine große Rolle, daher gab es für jedes ein spezielles Zeichen.

Hier sind einige wichtige Zeichen:

BÄR	BIBER	BISON	EULE
HIRSCH	HUND	KLAPPERSCHLANGE	OTTER
PFERD	WAPITI	WILDKATZE	ICH
JAGEN	WIE VIELE	FRAGE	INDIANER

Indianische Kinder beobachten wilde Tiere

Willst du in der Wildnis Tiere beobachten, musst du vor allem still sein und dich wenig bewegen. Die indianischen Kinder verständigten sich deshalb in der Zeichensprache, um nicht sprechen zu müssen, denn das könnte die Tiere erschrecken und sie würden fortlaufen.

Material: Zeichensprache (s. o.)
Alter: ab 4 Jahren

In der oben abgebildeten Zeichensprache beginnt ein Kind den anderen zu zeigen, welches Tier es gesehen, wie viele es waren oder welche es gejagt hat. Das Kind, das die Zeichen richtig versteht, ist als nächstes dran und überlegt sich selbst ein Tier, das es gesehen hat.

Die Geschichte einer Winterjagd bei den Indianern

Alter: ab 4 Jahren

Die Indianer, die Ureinwohner Nordamerikas, kannten keine Schrift. Wollten sie ein Ereignis festhalten, so malten sie eine Bildergeschichte auf Leder. Für diese Geschichten gab es eine Vielzahl von Zeichen.

Die als Zeichnung vorgegebene Geschichte beschreibt die Winterjagd eines Indianers. Mit der Bedeutung der einzelnen Zeichen lässt sich die Geschichte leicht nacherzählen.

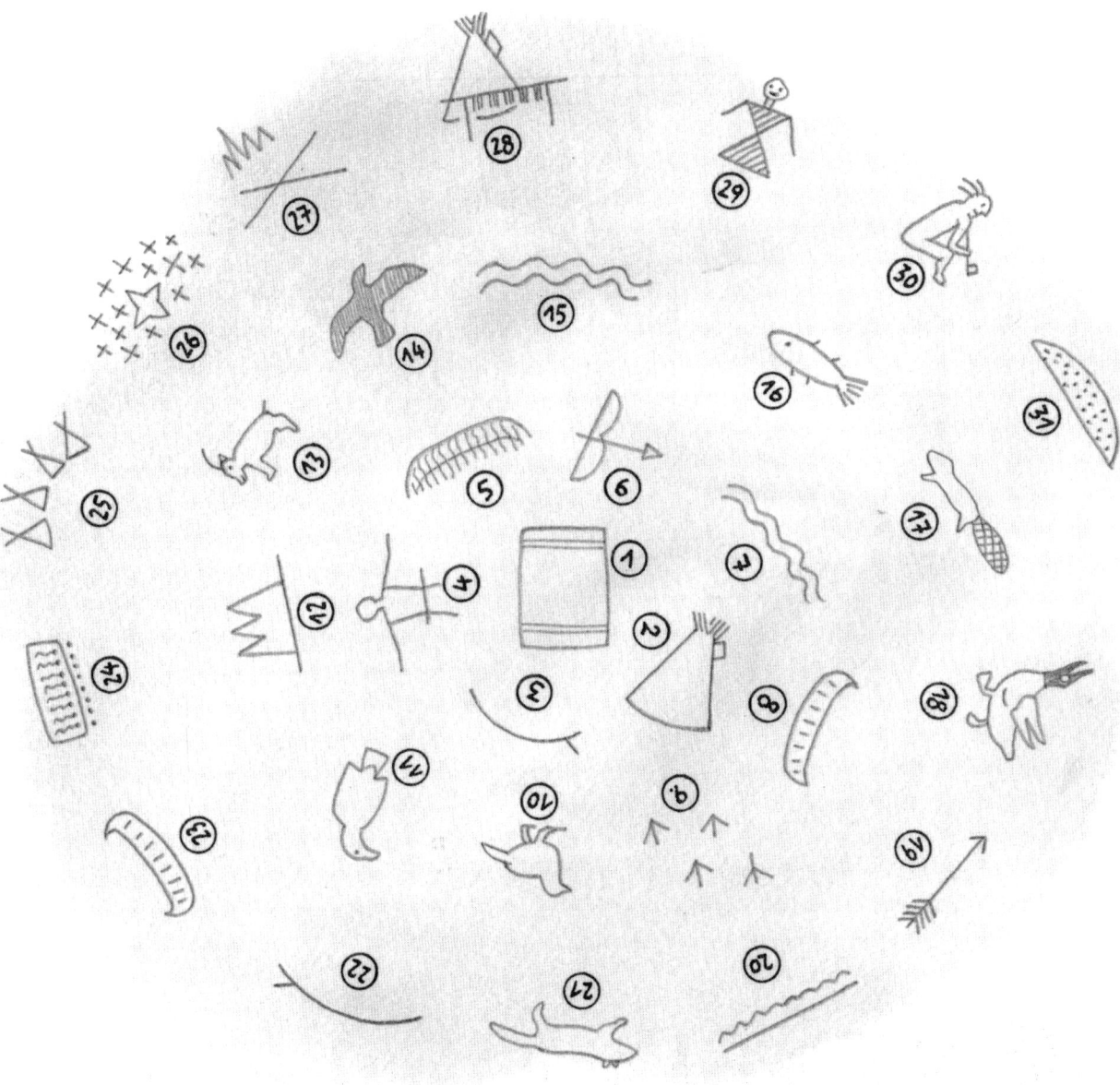

1. Decke; 2. Tipi; 3. Morgen; 4. Hunger; 5. Winter; 6. Pfeil und Bogen; 7. Fluss; 8. Kahn; 9. Vogelspuren; 10. weißer Vogel; 11. Adler; 12. Berge; 13. Schneeziege; 14. Rabe; 15. Fluss; 16. Fische; 17. Biber; 18. Gänse; 19. Jagd; 20. Sturm; 21. Wolf; 22. Abend; 23. Kanu; 24. Schnee und Kälte; 25. Tipidorf; 26. Sterne; 27. Lagerfeuer; 28. viel zu essen; 29. Frau; 30. Zusammensitzen, Feiern; 31. Nacht

Eine eigene Geschichte mit indianischen Zeichen

Die Kinder denken sich mit den vorgegebenen Zeichen eine eigene Geschichte aus.

Material: weißes Zeichenpapier, Kopierer, Buntstifte, Schere, Klebstoff
Alter: ab 4 Jahren

Figürliche Zeichen

Die figürlichen Zeichen kopieren. Alle Zeichen, die in der Geschichte vorkommen sollen, bemalen die Kinder und schneiden sie aus. Werden bestimmte Zeichen mehrfach benötigt, entweder entsprechend oft kopieren oder selbst nachzeichnen. Die Geschichte anhand der Zeichen von der Mitte aus in Form einer Spirale auf das Zeichenpapier legen und anschließend aufkleben. Die Geschichte bewegt sich spiralförmig vom Zentrum nach außen.

ADLER	BIBER	FISCH	ROTFUCHS
GANS	HASE	HIRSCH	HUND
MAUS	PFERD	RABE	SCHNEEZIEGE
WEISSER VOGEL	VOGELSPUREN	WOLF	DECKE
TIPI	MORGEN	HUNGER	WINTER
WIND	SCHNEE UND KÄLTE	PFEIL UND BOGEN	FLUSS
KANU	BERGE	WOLKE	SCHNEE
STURM	ABEND	STERNE	LAGERFEUER
JAGD	INSEL	TIPIDORF	PFEILE
VIEL ZU ESSEN	FRAU	FEIERN, ZUSAMMENSITZEN	NACHT

 Nr. 19

(T: Pit Budde / M.: Josephine Kronfli)

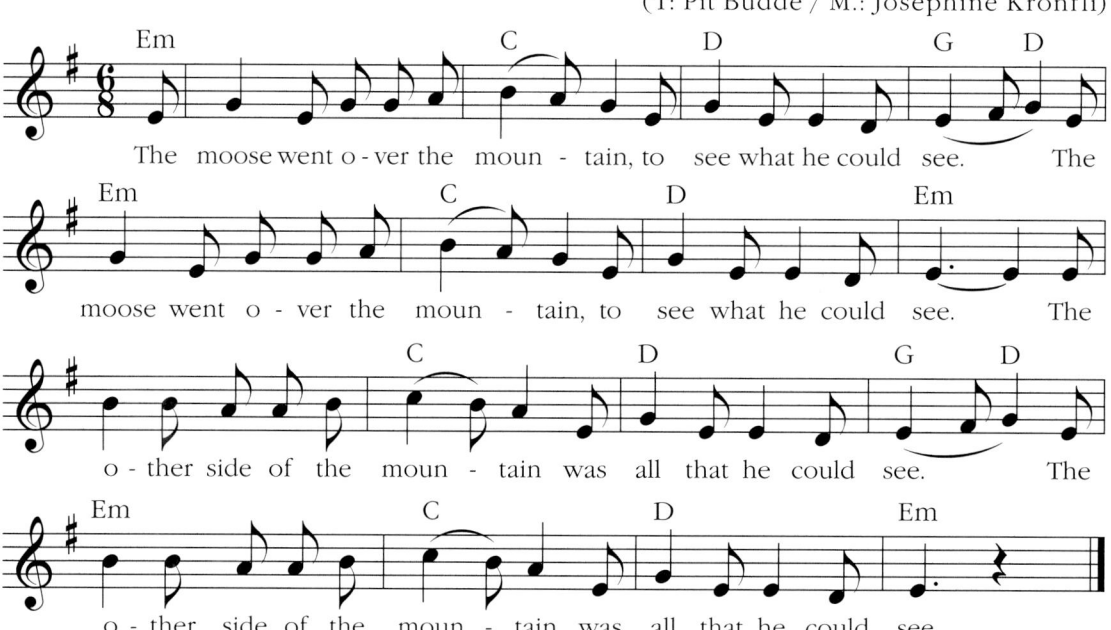

The moose went o-ver the moun - tain, to see what he could see. The
moose went o - ver the moun - tain, to see what he could see. The
o - ther side of the moun - tain was all that he could see. The
o - ther side of the moun - tain was all that he could see.

The moose went over the mountain to see what he could see. The moose went over the mountain to see what he could see.	The eagle flew across the lake to see what he could see. The eagle flew across the lake to see what he could see.
The other side of the mountain was all that he could see. The other side of the mountain was all that he could see.	The other side of the great blue lake was all that he could see. The other side of the great blue lake was all that he could see.
Der Elch stieg über den Hügel zu schaun, wie's dort aussah. Der Elch stieg über den Hügel zu schaun, wie's dort aussah.	Der Adler flog über'n großen See zu schaun, wie's dort aussah. Der Adler flog über'n großen See zu schaun, wie's dort aussah.
Die andere Seite des Hügels war alles, was er sah. Die andere Seite des Hügels war alles, was er dort sah.	Das andere Ufer des großen Sees war alles, was er sah. Das andere Ufer des großen Sees war alles, was er dort sah.

Mögliche Varianten
Der Luchs schlich über den Hügel ...
Die Schlange kroch über den Hügel ...

Der Elch stieg über den Hügel

Zum Lied „The Moose went over the Mountain" stapfen die Kinder über den Hügel.

Alter: ab 4 Jahren

Es geht bergauf und der Weg ist sehr anstrengend. Sind die Kinder oben angelangt, legen sie die Hand an die Stirn, um nicht geblendet zu werden. Bei der Adler-Strophe bewegen sie die Arme auf und ab und überfliegen den Hügel, aber es gibt wieder nichts Besonderes zu sehen. Also suchen sich die Kinder ein anderes Tier aus, z.B. den Luchs. Dann heißt es: „Der Luchs schlich über den Hügel ..." Jetzt schleichen alle Kinder ganz vorsichtig über den Hügel. Auf dem Rückweg sind sie eine Schlange und schlängeln sich über den Hügel.

STECKBRIEF: Eisbär

❞ Hallo, mein Name ist Ursus maritimus, ich bin der Eisbär, das größte Raubtier der Welt. Ich lebe in der Arktis mitten in Eis und Schnee und auf den Schollen im Eismeer. Die grimmige Kälte macht mir nicht viel aus. Ich habe einen zotteligen, wasserdichten Pelz und eine dicke Fettschicht, die mich wärmen. Wie alle Großbären habe ich kleine runde Plüschohren und einen Stummelschwanz. Aber ich bin der einzige mit behaarten Fußsohlen und Schwimmhäuten zwischen den Zehen. Ich bin ein ausgezeichneter Schwimmer und Taucher und kann weit entfernt vom Festland nach Beute jagen. Manchmal lege ich mich an Atemlöchern von Robben auf die Lauer. Taucht eine Robbe zum Luftholen auf, packe ich sie blitzschnell mit meinen scharfen Krallen. Ich kann mich aber auch auf dem Bauch rutschend ganz langsam an eine Robbe anschleichen, wenn sie sich bei schönem Wetter auf dem Eis sonnt.

Im Sommer, wenn das Eis schmilzt, gehe ich häufig an Land. Obwohl ich groß und schwer bin, kann ich sehr schnell laufen. In der Tundra jage ich kleine Tiere wie den Polarhasen und fresse Beeren, frische Blätter und Moos. Ich bin gerne allein unterwegs, deshalb nennt man mich „Einzelgänger". Im Frühling, zur Paarungszeit, bin ich natürlich nicht alleine. Im Herbst lasse ich mich in einer Schneehöhle einschnei-

en und bringe dort meine Jungen zur Welt. Damit sie nicht frieren, umarme ich sie und wärme sie mit meinem Atem. Meine Jungen sind anfangs hilflos, kaum behaart, blind und taub. Bis zum Ende des Winters bleiben wir in der Schneehöhle und ich säuge die Kleinen. Ich selber esse in der Zeit nichts und zehre von meinem Körperfett.

Im Tierreich habe ich außer dem Orca, dem Schwertwal, keine Feinde. Nur der Mensch kann mir mit seinen Waffen gefährlich werden und mit dem Klimawandel, den er verursacht.

Übrigens denken viele Kinder, dass Pinguin und ich Nachbarn sind. In der Natur sind wir uns nie begegnet, nur im Zoo. Der Pinguin lebt am Südpol und ich am Nordpol. ❞

Wissenswertes über Eisbären

Der Eisbär ist das größte Landraubtier der Erde.
Er hat ein sehr starkes Gebiss.

- lebt in den Eisregionen der Arktis und auf dem Meereis.
- hat eine dicke Speckschicht und friert nicht.
- ist durch seine Farbe in Schnee und Eis gut getarnt.
- hat Schwimmhäute zwischen den Zehen und schwimmt besser als jedes andere Säugetier mit vier Beinen.
- kann die Ohren und Nasenlöcher beim Tauchen verschließen, die Augen bleiben geöffnet.
- rutscht auf dem Bauch Abhänge herunter.
- kann sehr gut riechen.
- frisst am liebsten Robben.
- muss sich vor dem Orca und den Menschen in Acht nehmen.

Von Eisbären haben Pinguine nichts zu befürchten: Pinguine leben auf der Südhalbkugel, Eisbären auf der Nordhalbkugel.

Fällt dir noch mehr ein?

Vom kleinen Eisbären,
der Geburtstag hatte

*E*s war einmal ein kleiner Eisbär, der sehr traurig war. Denn als er am Morgen aufwachte, sagte niemand zu ihm „kuvianartok anibviksak" oder „Happy Birthday" oder was man sonst so sagt, wenn ein Eisbär Geburtstag hat. Er dachte, alle hätten seinen Geburtstag vergessen. Doch da kam Mama Eisbär und sagte: „Nanook", – denn so hieß der kleine Eisbär – „heute ist ein ganz besonderer Tag. Die Sonne scheint, das ist ein guter Tag, um die Pinguine zu besuchen."
Da rief Nanook empört: „Aber wir leben doch im Norden, in der Arktis. Hier gibt es keine Pinguine! Die leben weit weg im Süden."
„Da hast du recht", antwortete Papa Eisbär schmunzelnd. „Warte ab, wo wir gleich hingehen."
Da freute sich der kleine Bär, denn er wollte schon immer mal einen Pinguin sehen. Also nahmen Mama Eisbär und Papa Eisbär den kleinen Nanook in die Mitte und gingen los.

- Aber wo gingen sie hin?
- Und wie geht die Geschichte weiter?
- Sind sie aufs Eis hinaus?
- Oder in den Zoo?
- Vielleicht zum Flughafen?

Erzähl die Geschichte mit eigenen Worten zu Ende und schick sie uns ...!

Kennst du die Tiere in Nordamerika?
(Maya-Kreuzworträtsel)

Waagerecht

1. Warnt mit ihrer Rassel, bevor sie beißt.
2. Sieht weiß aus, liebt Eisschollen und Robben.
3. Ein geschicktes Tier. Wie ein kleiner, dünner Wolf.

Senkrecht

4. Der amerikanische Hirsch
5. Schwimmt auf dem Rücken, sieht putzig aus und benutzt Werkzeuge
6. Hat zwei Hörner und ein dickes, braunes Fell
7. Lebt im Norden und hat ein Schaufelgeweih
8. Der Berglöwe
9. Der amerikanische Braunbär
10. Das Wappentier der USA

Lösungen: 1. Klapperschlange, 2. Eisbaer, 3. Coyote, 4. Wapiti, 5. Seeotter, 6. Bison, 7. Elch, 8. Puma, 9. Grizzly, 10. Weißkopfseeadler

Die Tierwelt
Mittel- und Südamerikas

" ¡Buenos días! Hallo, Freunde. Mein Name ist Julia Jaguar, ich lebe in Mittel- und Südamerika. Überall da, wo die Menschen mich in Ruhe lassen, fühle ich mich wohl. Ich habe ein wunderschönes Fell. Anstatt mich nur anzuschauen und zu bewundern, haben die Menschen mich früher gejagt, um an mein Fell zu kommen. Glücklicherweise bin ich jetzt fast überall geschützt und darf nicht mehr gejagt werden. Ich liebe es, durch den Regenwald zu streifen. Hier bin ich der König der Tiere. Schon in Mittelamerika kannst du mich finden, denn Mittelamerika ist wie eine Brücke, die Nord- und Südamerika miteinander verbindet. Auf dieser Brücke treffen sich die Tiere, die sonst nur im Süden oder nur im Norden leben. Ich lebe hauptsächlich in Südamerika. Aber es gibt einige Tiere, wie meinen Vetter Puma, die im Norden und im Süden leben. Durch ganz Südamerika zieht sich das gewaltige Gebirge der Anden. Dort sind die Lamas, die amerikanischen Kamele, der Brillenbär, Tapire und Hirsche zuhause. Über den Gipfeln kannst du den Kondor beobachten, den größten flugfähigen Vogel der Erde. Der Amazonas mit seinen vielen Nebenflüssen ist die Lebensader eines riesigen Landes. Im Amazonas-Regenwald lebt eine unglaubliche Vielzahl von Tieren, bunte Vögel, Pfeilgiftfrösche, Ameisenbären, Affen, Schlangen, Flussdelfine und natürlich ich, der Jaguar. Das ist mein Reich, hier fühle ich mich besonders wohl. Weiter im Süden findest du das Übergangsgebiet des Chaco. Hier leben der Mähnenwolf und das Riesengürteltier. In den Grasländern der Pampa und der Patagonischen Steppe findest du das Guanako, eine Lamaart, und den Pampashirsch. In Feuerland, dem südlichsten Zipfel Südamerikas, kannst du sogar Pinguine beobachten.

Da kommt so ein bunter Schreihals angeflogen, der möchte sich dir vorstellen. Ich gehe lieber wieder zurück in den Regenwald. ¡Adiós! **"**

MITTEL- UND
SÜDAMERIKA

N

Kannst du den Jaguar von einem Leopard unterscheiden?

Der Leopard lebt in Afrika und in Asien, der Jaguar in Südamerika. Die beiden werden sich in der Natur also nie begegnen. Aber wenn du sie im Zoo siehst, kannst du sie voneinander unterscheiden? Jaguar und Leopard haben beide ein geflecktes Fell. Die Fellfarbe des Jaguar ist Hellgelb bis Rötlichbraun mit vielen dunklen Flecken, die in Kreisen angeordnet sind. In der Mitte eines jeden Fleckenkreises finden sich ebenfalls wieder Flecken. Daran kann man den Jaguar vom Leoparden unterscheiden.

Wer ist wer?

STECKBRIEF: Ara

99 Hallo, ich bin der Hellrote Ara, einer der größten Papageien der Welt. Die meisten Papageien leben in Südamerika, Australien und Neuseeland. Meine Heimat ist Südamerika. Meine Federn leuchten rot. Meine Wangen sind weiß und nackt. Meine Flügel sind nacheinander rot, gelb und blau gefärbt.

Ich fresse gerne Früchte, Samen und Blüten und knacke Paranüsse mit meinem dicken, gebogenen Schnabel und meiner kräftigen Zunge. Hast du schon einmal eine Paranuss gegessen? Die wachsen bei mir im Regenwald und sind sehr lecker.

Ich lebe in Gruppen und bin nicht gern alleine. Im Urwald haben wir Aras gemeinsame Schlafplätze. In vielen Zoos kannst du uns krächzen hören. Und wenn du genau hinhörst, merkst du, dass wir viele verschiedene Laute beherrschen. Wir sprechen richtig miteinander. Wir rufen uns gegenseitig zu, wenn wir tolle Früchte oder einen gemütlichen Schlafbaum gefunden haben, und natürlich, wenn Gefahr droht. Dann krächzen wir ganz laut und alle anderen Aras sind gewarnt. Wir müssen uns nämlich immer vor dem Jaguar und den Greifvögeln in Acht nehmen, die Jagd auf uns machen.

Wir Aras können sehr gut von Baum zu Baum oder über den Regenwald zu offenen Wiesen fliegen. Wir wachen auf, wenn die Sonne aufgeht, und schlafen erst, wenn sie wieder untergeht.

Haben wir Aras einen Partner gefunden, bleiben wir unser Leben lang zusammen. Wir brüten in Baumhöhlen, Erdhöhlen, aber auch in Termitenbauten. Um unsere Jungen kümmern wir uns gemeinsam. Beim Schlüpfen sehen die kleinen Aras nackt und sehr ulkig aus. Doch innerhalb weniger Wochen wachsen ihnen Federn und sie werden zu einem richtig hübschen Ara.

Es gibt viele verschiedene Papageien und manche haben sogar sprechen gelernt. Na gut, wir kennen nicht die Bedeutung von dem, was wir sagen. Trotzdem sind wir sehr geschickte und intelligente Vögel. 66

Wissenswertes über Aras

Der Hellrote Ara ist ein Papagei. Er lebt in Südamerika. Der Papagei ist ein Vogel.

Er hat einen kräftigen Schnabel und eine kräftige Zunge.

- hat einen Kletterfuß.
- lebt vorzugsweise in einer Gruppe.
- frisst gerne Nüsse und Früchte.

Vervollständige den Steckbrief.

Red Bird

(T. & M.: Pit Budde, nach einem Kinderlied aus Trinidad)

Ro - ter Vo - gel vor dem Fen - ster, ro - ter Vo - gel vor dem Fen - ster,

ro - ter Vo - gel vor dem Fen - ster, ach, ich bin so mü - de!

Komm doch, ro - ter Vo - gel, klopf ihr auf die Schul - ter.

Komm doch, ro - ter Vo - gel, klopf ihr auf die Schul - ter.

komm doch, ro - ter Vo - gel, klopf ihr auf die Schul - ter, ach, ich bin so mü - de!

ARA

Roter Vogel vor dem Fenster,
roter Vogel vor dem Fenster,
roter Vogel vor dem Fenster,
ach, ich bin so müde!

Komm doch, roter Vogel, klopf ihr auf die Schulter. (3×)
ach, ich bin so müde!

Red bird, red bird, through the window, (3×)
I am very, very tired!

So take a little bird and tap her on the shoulder.
Take a little bird and tap her on the shoulder.
Take a little bird and tap her on the shoulder,
I am very, very tired!

Ara, Ara, vor dem Fenster, (3×)
isst du grade eine Paranuss?

Komm, du bunter Ara, flieg auf meine Schulter, (3×)
bring mir bitte eine Paranuss.

Red Bird-Spiel

Alter: ab 4 Jahren
Anzahl: mind. 10 spielende Kinder

Die Kinder bilden einen Kreis und halten sich an den Händen, die sie in Form von Bögen in die Höhe halten. Ein Kind tanzt während der ersten Strophe durch die Brücken aus Händen in den Kreis und wieder hinaus. Bei der zweiten Strophe bleibt es hinter einem Kind stehen und klopft ihm rhythmisch mit beiden Händen auf die Schulter. Das ausgewählte Kind tanzt in der nächsten Runde. Das erste Kind schließt hinten auf und tanzt hinterher. Das Spiel geht weiter, bis allen Kindern auf die Schulter geklopft wurde, sich alle der tanzenden Reihe angeschlossen haben und den Kreis damit auflösen.

Affenhände

Zwei kleine Affen haben einen langen Stock gefunden. Jeder möchte ihn gerne für sich behalten. Was tun? Sie spielen ein kleines Spiel.

Material: 1 langer Stock oder Besenstiel
Alter: ab 4 Jahren
Anzahl: für jeweils 2 Kinder

Das jüngere Kind beginnt. Es hält den Stock auf die Erde und umfasst ihn mit der rechten Hand am untersten Ende. Das zweite Kind greift ebenfalls mit der rechten Hand unmittelbar darüber. Das erste Kind umfasst jetzt mit der linken Hand den Stock direkt über der rechten Hand des zweiten Kindes. Genauso geht es weiter, bis die Kinder am obersten Ende des Stockes angekommen sind. Wer als letztes mit seiner Hand das Holz greifen kann, gewinnt.

Die Giftschlange

Schlangen sind in der Wildnis oftmals nicht leicht zu entdecken. Sie sind hervorragend an ihre Umgebung angepasst und verschwinden fast in dem Bild vor unseren Augen. Schlangen haben Angst vor Menschen und verstecken sich vor uns. Sind wir ihnen aus irgendeinem Grund so nahe gekommen, dass sie nicht mehr fliehen können, kann es allerdings sein, dass sie blitzschnell zubeißen und im nächsten Augenblick schon wieder verschwunden sind.

Alter: ab 4 Jahren

Ein Kind übernimmt die Auswahl der Giftschlange. Alle anderen Kinder stellen sich in einer Reihe mit den Gesichtern zu einer Wand und schließen die Augen. Das Kind geht die Reihe entlang und tippt jedem Kind einmal leicht auf die Schulter. Nur dem Kind, das die Schlange spielen soll, tippt es zweimal auf die Schulter. Jetzt öffnen die Kinder wieder ihre Augen, unterhalten sich und geben sich nacheinander die Hände. Die Schlange piekst ihr Gegenüber beim Händeschütteln mit dem Fingernagel des Mittelfingers in den Handballen. Das so „gebissene" Kind schüttelt noch zwei weitere Hände und lässt sich dann wie tot zu Boden gleiten. Die anderen versuchen herauszubekommen, wer die Schlange ist. Dabei müssen sie sich weiterhin die Hände schütteln. Meist gewinnt die Schlange und hat jedes Kind gebissen, bevor sie entdeckt wird. Wird die Schlange vorzeitig entlarvt, beginnt das Spiel von vorn.

Wir jagen einen Jaguar

Nr. 15
(T. & M.: Pit Budde)

Die Kinder gehen gemeinsam auf Jaguarjagd. Natürlich haben sie keine Angst. Erst wenn sie den Jaguar wirklich sehen, laufen sie kreischend davon.

Wir ja-gen ei-nen Ja-gu-ar! Wir ja-gen ei-nen Ja-gu-ar!

Ha-ben kei-ne Angst! Al-le mei-ne Freun-de

sind mit da-bei. Was seh ich da? Ho-hes Gras.

Drü-ber sprin-gen kann ich nicht, drun-ter her auch nicht.

Au-ßen rum klappt nicht, müs-sen mit-ten durch!

Material: 1 Jaguar-Kuscheltier
Alter: ab 4 Jahren (mit Hilfe eines Erwachsenen)

Vor der Jagd macht es sich der Kuscheltier-Jaguar in einer Ecke des Raumes oder auch in einem anderen Raum bequem. Die Kinder haben, bevor sie ihn finden, noch einige Abenteuer zu bestehen. Sie treffen sich weit entfernt von der Ruhestätte des Jaguars. Ein Kind spielt den Vorsänger, alle anderen antworten auf die gesungene Zeile. So machen sie sich auf den Weg. Sind sie bei der Strophe angelangt, bei der sie den Jaguar treffen, holt der Erwachsene den Jaguar und hält ihn den Kindern, die jetzt ihre Augen geschlossen halten, vor die Hände, sodass sie ihn ertasten können.

Wir jagen einen Jaguar!
(Die Kinder wiederholen alles, was vorgesungen wird.)
Haben keine Angst!
Alle meine Freunde
sind mit dabei.
(Jedes Kind umarmt seinen Nachbarn.)
Was seh ich da?
Hohes Gras.
Drüber springen kann ich nicht,
(Alle schauen, wie hoch das Gras ist.)
drunter her auch nicht.
(Sie schauen, ob sie darunter her kriechen können.)
Außen rum klappt nicht,
(Sie schauen nach rechts und links.)
müssen mitten durch!
(Sie schieben mit beiden Armen das Gras zur Seite und gehen mitten durch.)

Wir jagen einen Jaguar!
(Die Kinder wiederholen wieder alles.)
Haben keine Angst!
Alle meine Freunde
sind mit dabei.
(Jedes Kind umarmt seinen Nachbarn.)
Was ist das?
Ein großer Baum.
Drüber springen kann ich nicht,
drunter her auch nicht.
Mitten durch klappt nicht,
wir müssen wohl klettern.
(Alle Kinder klettern über den Baum.)

Wir jagen einen Jaguar!
(Die Kinder wiederholen alles.)
Haben keine Angst!
Alle meine Freunde
sind mit dabei.
(Jedes Kind umarmt seinen Nachbarn.)
Was ist das?
Ein breiter Fluss.
Drüber springen geht nicht,
drunter her auch nicht.
Durchlaufen klappt nicht,
wir müssen wohl schwimmen.
(Die Kinder machen Schwimmbewegungen.)

Wir jagen einen Jaguar!
(Die Kinder wiederholen alles.)
Haben keine Angst!
Alle meine Freunde
sind mit dabei.
(Jedes Kind umarmt seinen Nachbarn.)
Was ist das?
Ein dunkler Wald.
Drüber springen geht nicht,
drunter her auch nicht.
Außenrum klappt nicht,
wir müssen mitten rein.
(Die Kinder schließen die Augen und tasten sich zur Ruhestelle des Jaguars.)

Drinnen ist es dunkel.
(Die Kinder wiederholen alles.)
Was ist denn das?
(Sie ertasten den Kuscheljaguar.)
Hat'n dickes Fell
und 'nen großen Kopf,
Tatzen und Zähne,
brüllt mich an. – Hilfe! Der Jaguar!
(Sie schreien, öffnen die Augen und laufen schnell zum Ausgangspunkt zurück.)

Variante

Beim Weglaufen legen die Kinder den gleichen Weg in entgegengesetzter Richtung zurück: Sie rennen durch den Wald, schwimmen durch den Fluss, klettern über den Baum und laufen durch die Wiese mit dem hohen Gras.

Wie das Kaninchen den Jaguar hinters Licht führte

(Venezuela)

Vor langer, langer Zeit waren Kaninchen und Jaguar unzertrennliche Freunde. Kaninchen war ein echter Spaßvogel und hielt seine Freunde, wann immer sich eine Gelegenheit ergab, zum Narren. Ganz besonders hatte Kaninchen es auf seinen Freund, den Jaguar abgesehen.

Eines Tages ruhte sich Kaninchen unter einem Papayabaum aus und aß genüsslich ein paar der reifen, süßen Papayafrüchte. Da kam Jaguar seines Weges.

„Was machst du da, Kaninchen?", fragte der Jaguar, setzte sich zum Kaninchen und warf seinen langen Schwanz von der einen zur anderen Seite.

Kaninchen beobachtete den buschigen Schwanz und hatte eine Idee.

„Hallo, Jaguar", sprach es, „ich esse gerade meinen kleinen Schwanz."

„Den kann man essen?", fragte Jaguar skeptisch.

„Aber natürlich, möchtest du probieren?", sagte Kaninchen und musste sich anstrengen, nicht gleich laut loszulachen. Dann gab es dem Jaguar ein Stückchen von der süßen Papaya, die es gerade aß.

„Mmh, schmeckt sehr gut", sagte Jaguar und leckte sich die Schnurrhaare. „Kann ich etwas mehr bekommen?"

Kaninchen musste sich jetzt wirklich anstrengen, verzog aber keine Miene, als es antwortete: „Liebend gerne würde ich dir mehr geben, doch leider ist mein Schwanz zu klein." Dabei beobachtete es wieder den langen buschigen Schwanz des Jaguars, der von einer Seite zur anderen schlug, als die große Katze nach der süßen Frucht schnüffelte.

„Hör zu, Jaguar", sprach Kaninchen. „Dein Schwanz muss doch besonders gut schmecken. Sieh doch, wie lang und dick er ist."

„Meinst du wirklich?", fragte Jaguar. „Meinst du wirklich, der schmeckt so gut wie deiner?"

„Aber natürlich", antwortete Kaninchen. „Je länger der Schwanz ist, desto besser schmeckt er. Aber wenn du ihn probieren möchtest, müssen wir ihn erst öffnen."

„Würdest du mir dabei helfen?", fragte Jaguar.

„Aber klar doch, dreh dich um, dann helfe ich dir."

Als Jaguar sich umdrehte, nahm Kaninchen den Schwanz, drehte ihn, zog an ihm und band ihn schließlich zu einem großen festen Knoten zusammen.

Der Jaguar wunderte sich ein wenig, wusste aber noch nicht so recht worüber. Als Kaninchen sein Werk vollendet hatte, wälzte es sich vor Lachen auf dem Boden und rief: „Ha, ha, ha, ha, du siehst so blödsinnig aus mit diesem riesigen Knoten im Schwanz."

Als Jaguar merkte, dass sein Freund ihn zum Narren gehalten hatte, wurde er richtig wütend. Er knurrte und brüllte und versuchte Kaninchen zu fangen, um es zu verprügeln. Doch Kaninchen war zu flink und verschwand ganz schnell lachend im dichten Gebüsch.

Der unglückliche Jaguar war wütend und enttäuscht. Fast den ganzen Tag brauchte er, um den Knoten aus seinem Schwanz zu lösen. Kaninchen hatte ja schon oft seine Späße mit ihm getrieben, doch dieses Mal war es zu weit gegangen. Er würde diesen frechen Hoppler erwischen und es ihm ordentlich heimzahlen.

Jaguar wusste genau, Kaninchen würde über kurz oder lang zur Wasserstelle kommen, denn es musste trinken. Das war der ideale Ort, um das freche Kaninchen zu fangen.

Also legte sich Jaguar in den Büschen neben der Wasserstelle auf die Lauer.

Aber er hatte nicht mit der Vorsicht des Kaninchens gerechnet. Kaninchen sah sich aus einem Versteck in der Nähe der Wasserstelle genau um, entdeckte den Jaguar und schlich davon.

Drei Tage wartete der Jaguar, und Kaninchen quälte sich vor Durst.

Dann hielt es Kaninchen nicht mehr aus. Und es hatte eine gute Idee, wie es trinken konnte, ohne vom Jaguar erwischt zu werden. Es besuchte seine Freunde, die Bienen, und bat sie um ein wenig Honig. Mit dem Honig beschmierte es sein ganzes Fell und wälzte sich dann unter einem Baum auf dem Boden herum. All die herabgefallenen Blätter klebten bald an seinem Fell und niemand, auch nicht sein bester Freund, hätte das Kaninchen erkannt.

Dann rannte es, so schnell es konnte, zur Wasserstelle und trank das kalte, leckere Wasser in großen Zügen: „Schlapp, Schlapp, Schlapp", klang es so laut, dass der neugierige Jaguar Sekunden später neben dem merkwürdig blättrigen Tier stand, das so unglaublich durstig schien.

„Kleines, blättriges Tier", fragte Jaguar, „wann hast du das letzte Mal etwas getrunken?" Statt zu antworten trank das Tierchen einfach weiter und machte: „Schlapp, Schlapp, Schlapp."

Das ist ja merkwürdig, dachte der Jaguar und kroch näher. „Dieses Tier ist entweder schwerhörig oder will nicht mit mir reden."

„Kleines blättriges Tier", fragte er noch einmal, doch jetzt mit einem Knurren in der Stimme, „kannst du mich hören? Wann hast du das letzte Mal getrunken?"

Statt einer Antwort hörte er wieder nur das schmatzende „Schlapp, Schlapp, Schlapp".

Über so viel Unhöflichkeit wurde Jaguar jetzt richtig wütend. Er konnte nicht glauben, was für ein freches unverschämtes Tier das sein sollte.

„Hör zu!", brüllte er. „Kleines blättriges Tier. Ich stelle dir die Frage nur noch einmal: Wann hast du das letzte Mal getrunken?"

Jetzt hatte das Kaninchen endlich seinen Durst gestillt. Es drehte sich um und rief:

„Seit ich dir den riesigen Knoten in den Schwanz gemacht habe, Jaguar."

Dann sprang es auf, schüttelte die Blätter vom Pelz und rannte schnell in den dunklen, dichten Wald.

Seit diesem Moment jagt der Jaguar dem Kaninchen hinterher, immer wenn er es sieht. Aber bis zum heutigen Tag hat er es noch nicht erwischt.

Fledermaus-Girlande

In den Regenwäldern leben viele verschiedene Fledermausarten. Neben einigen größeren Arten, wie den blutsaugenden Vampiren und den Fische jagenden Hasenmaulfledermäusen, ernähren sich die meisten Arten von Insekten. Dabei vertilgen die Fledermäuse unvorstellbare Mengen an Moskitos und Fliegen und gelten so für Regenwaldbewohner und -besucher als sehr nützliche Tiere.

Material: 1 Blatt festes Papier oder Pappe DIN A5, mehrere DIN A3-Bögen schwarzes Transparent- oder Tonpapier, Schere, Klebstoff, Bindfaden, Tacker, Lochverstärkungsringe

Alter: ab 4 Jahren (mit Hilfe eines Erwachsenen)

Die Fledermaus von der Vorlage auf das feste Papier oder die Pappe übertragen;

- die DIN A3-Bögen jeweils über die gesamte Breite in zwei längliche Formate in Höhe der Fledermaus schneiden;
- die geschnittenen Blätter in exakt der Breite der Fledermaus wie eine Ziehharmonika zusammenfalten;
- die Schablone auf die Oberseite übertragen und ausschneiden;
- genauso mit den anderen Blättern verfahren, bis die gewünschte Länge erreicht ist;
- alle Blätter auffalten und an den Enden die einzelnen Teile zu einer Girlande zusammenkleben oder -tackern;
- gut trocknen lassen;
- die beiden äußersten Fledermausflügel durchstechen, mit den Verstärkungsringen stabilisieren;
- den Bindfaden durchziehen, verknoten und die Girlande aufhängen.

FLEDERMAUS -VORLAGE

STECKBRIEF: Pfeilgiftfrosch

„ Buenos días, ich bin der Pfeilgiftfrosch. Ich gehöre zu den Baumsteigerfröschen und lebe in Südamerika. Mich gibt es nur im Regenwald. Meistens lebe ich auf dem Waldboden in der Nähe von Flüssen. Als Frosch gehöre ich natürlich zu den Amphibien. Wir Amphibien sind gerne an Land, aber zum Laichen gehen wir ins Wasser.

Ich bin ein kleiner, sehr bunter Frosch. Ich kann grün, gelbgrün, orange oder blau glänzen und habe verschiedene Muster. Manche von uns sind aber nur grau. Ich bin gut an meine Umgebung angepasst. Mein Aussehen verschmilzt mit der Umgebung im Regenwald, und du wirst mich nicht so leicht entdecken. Andere Pfeilgiftfrösche haben eine Warntracht. Die kräftig leuchtende Haut warnt andere Tiere davor, dass sie schleimig und giftig ist, überhaupt nicht schmeckt und sie den Frosch besser nicht fressen sollen. Wir Amphibien (also Frösche, Kröten, Salamander, Molche) haben alle eine sehr empfindliche Haut und sind schleimig, um uns gegen Trockenheit zu schützen.

Übrigens benutzen die Regenwald-Indianer mein Gift, um mit ihren Blasrohren Tiere zu jagen. Deshalb heiße ich auch Pfeilgiftfrosch.

Wie alle Froschmännchen quake ich während der Paarungszeit. Wir besitzen Schallblasen, um diese trillernden oder quakenden Geräusche zu erzeugen. Im Frühjahr kannst du uns an Teichen beobachten, wenn wir unsere Backen aufpusten und quaken.

Wir Pfeilgiftfrösche sind ungewöhnliche Frösche. Die Weibchen legen ihre Eier in Baumstümpfen, einer Laubschicht, in kleinen Höhlen oder auf Bromelienblättern ab und halten sie dort regelmäßig feucht. Wenn unsere Kaulquappen, das sind unsere Jungen, schlüpfen, bringen wir sie zu einer Wasserstelle wie den Blatttrichter einer Bromelie oder ein Astloch, das mit Wasser gefüllt ist. Dort entwickeln sie sich zu fertigen Fröschen.

Wir Pfeilgiftfrösche sind tagaktive Tiere und ernähren uns von Insekten und Ameisen.

Da wir nur im Regenwald leben, stehen wir unter Schutz. Trotzdem machen wir uns Sorgen, da der Regenwald immer weiter abgeholzt wird. „

Wissenswertes über Pfeilgiftfrösche

Pfeilgiftfrösche sind Amphibien wie Kröten, Salamander und Molche.
Sie leben im Regenwald.
- sind klein und giftig.
- fressen Insekten.

Vervollständige den Steckbrief! Was fällt dir noch ein?

Bromelie und Pfeilgiftfrosch

Bromelien sind Pflanzen, die es in jedem Blumengeschäft gibt. Ihre Blätter sind so angeordnet, dass sie einen Trichter bilden, in dem sich Wasser ansammelt. Dies ist die Heimat der jungen Pfeilgiftfrösche.

Material: 1 Bromelie mit großem Blatttrichter, Pfeilgiftfrösche aus Plastik (aus dem Zoo oder Spielwarenhandel)
Alter: ab 4 Jahren

Die Bromelie an einem schönen Platz aufstellen, Wasser in den Trichter gießen und die Pfeilgiftfrösche hineinsetzen. Im Laufe der Zeit verdunstet das Wasser natürlich. Jedes Kind bekommt den Auftrag, an jeweils einem Tag nachzuschauen, ob sich noch genügend Wasser im Trichter befindet, und gegebenenfalls neues hinzuzugießen.

Pfeilgiftfrösche

Material: pro Frosch 1 weißer Tonkarton
(DIN A4), Schere, Klebstoff, Farbstifte
Alter: ab 4 Jahren

Frosch und Seerosenblatt auf Tonkarton
übertragen und ausschneiden. Das Blatt
grün, den Frosch in den Farben eines Pfeil-
giftfrosches ausmalen. An den gestrichelten Linien den Frosch so knicken, dass er
auf dem Seerosenblatt sitzen kann. Jetzt
den Frosch auf das Blatt kleben und auf
ein Regal oder die Tischkante setzen.

Halskette aus Amazonas-Fischen

Material: weißes Tonpapier, Schere,
Bunt- oder Filzstifte oder Wasserfarbe,
Baumwollfaden
Alter: ab 4 Jahren

Die Fische der Vorlage mehrfach auf Tonpapier übertragen, ausschneiden und bunt
ausmalen. An den vorgegebenen Stellen
durchlöchern, einen Faden hindurchziehen, um den Hals legen und hinter dem
Kopf verknoten.

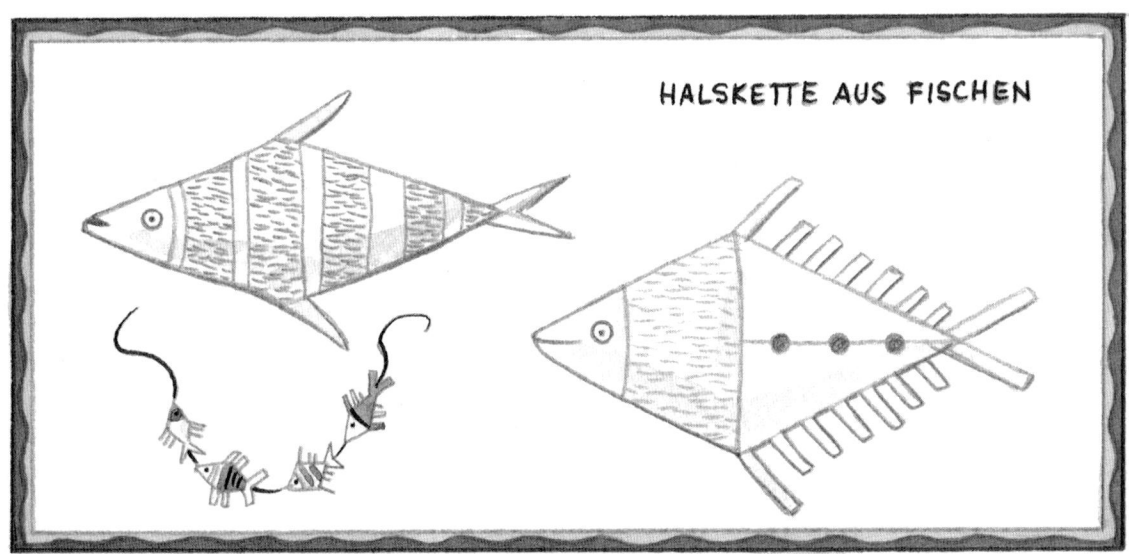

Kennst du die Tiere in Südamerika?
(Maya-Kreuzworträtsel)

Waagerecht

1. Trägt Lasten und kann gut spucken
2. Ist klein, bunt und giftig
3. Lebt auf Bäumen und brüllt gerne
4. Ein Vogel im Frack
5. Der gefleckte Jäger im Regenwald

Senkrecht

6. Ein bissiger Fisch
7. Mag Ameisen sehr gern
8. Läuft auf dem Boden und rüttelt an Bäumen
9. Die größte Schlange der Welt
10. Der König der Anden

Lösungen: 1. Lama, 2. Pfeilgiftfrosch, 3. Bruellaffe, 4. Pinguin, 5. Jaguar, 6. Piranha, 7. Ameisenbaer, 8. Tapir, 9. Anakonda, 10. Kondor

Die Tierwelt Australiens

❞ Hi Mate, hier spricht Karin Koala aus Australien. Ich klettere gerne in Eukalyptusbäumen herum und fresse für mein Leben gern ihre Blätter. Ich habe mal gehört, eure Teddybären in Europa sehen mir ähnlich, obwohl ich gar kein Bär bin. Stimmt das? Aber mit mir kann man nicht kuscheln, denn ich habe scharfe Krallen.

Du kennst doch sicher noch andere Tiere, die in Australien leben. Das Känguru? Habe ich mir schon gedacht. Das Känguru ist schließlich weltberühmt. Wer kann schon so gut hüpfen und dabei noch sein Baby im Beutel herumtragen wie ein Känguru? Niemand! Das Känguru und ich sind Beuteltiere. Hast du schon mal was vom Nasenbeutler gehört, vom Wombat, von der Beutelmaus, dem Beutelwolf? Übrigens gibt es uns Beuteltiere fast nur auf dem australischen Kontinent. Ganz wenige von uns leben in Amerika. Früher gab es fast nur Beuteltiere hier. Als dann die Europäer nach Australien kamen, haben sie andere Säugetiere wie Kaninchen, Hasen, Hunde und Hauskatzen mitgebracht. Kennst du den Kaninchennasenbeutler? Auf Englisch heißt er Bilby. Der Bilby ist der australische Osterhase, er bringt den australischen Kindern zu Ostern die bunt gefärbten Eier. Früher hat das mal der Osterhase getan, den die Europäer eingeführt hatten. Hasen und Kaninchen mögen wir allerdings nicht besonders. Die nehmen uns unsere Verstecke und unsere Nahrung weg.

Kennst du das Schnabeltier? Das ist wirklich ein merkwürdiges uraltes Tier. Es ist ein Säugetier, das Eier legt und einen Schnabel wie eine Ente hat! So etwas gibt es auf der ganzen Welt nur einmal!

Auch einen ganz berühmten Vogel kannst du in Australien beobachten, den Emu. Er ist groß, kann schnell laufen, aber nicht fliegen. Wir haben auch Krokodile, Echsen und Schlangen. Und hier lebt der Dingo. Das ist ein Wildhund, den die ersten Menschen vor vielen Tausend Jahren mit auf den Kontinent gebracht haben. Doch jetzt habe ich genug erzählt. Ich klettere mal wieder zurück auf meinen Eukalyptusbaum und nasche ein paar leckere Blätter und ruhe mich dann aus. Wir Koalas ruhen uns gerne aus, nachdem wir gefressen haben. ❝

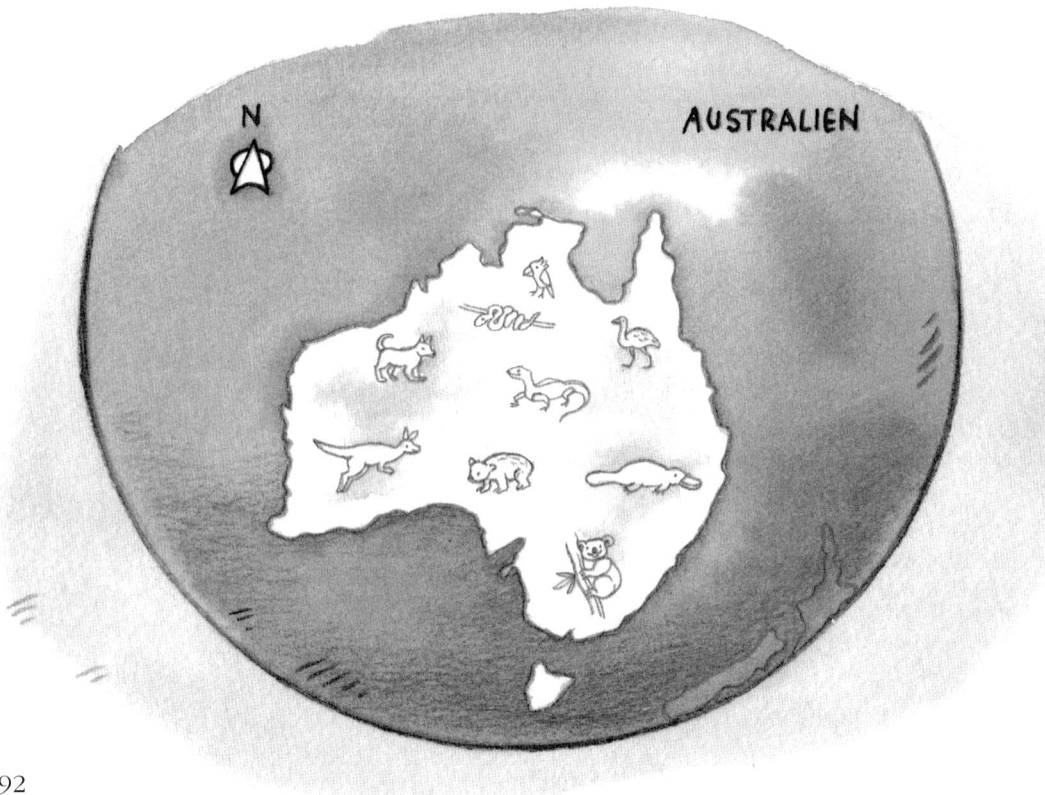

Der kletternde Koala

Material: weißer Bastelkarton, Bleistift,
Farbstifte oder Wasserfarben, Schere,
Lochverstärkungsringe, Musterklammern
Alter: ab 4 Jahren

- Die verschiedenen Teile des Koalas auf
  den Bastelkarton übertragen.
- Den Koala graubraun anmalen und den
  Bauch weiß lassen, den Ast dunkelbraun.
- Nach dem Trocknen alle Teile ausschnei-
  den.
- In die angegebenen Stellen vorsichtig
  Löcher stechen.
- Die Löcher von beiden Seiten mit Loch-
  verstärkungsringen stabilisieren.
- Die Teile aufeinander legen und die Mus-
  terklammern von vorn durchstechen.
- Die Musterklammern hinten so umbie-
  gen, dass der Koala beweglich bleibt.

Wie der Emu an seine kurzen Flügel kam

(Australien)

Vor langer, langer Zeit lebte der Emu noch hoch in den Lüften. Sein Nest baute er in den Wolken. Jeden Abend saß er in seinem Wolkennest und beobachtete die Kraniche, wie sie unten an einem See gemeinsam tanzten. Der Emu liebte ihren Tanz so sehr, dass er oftmals überlegte, ob er nicht auf die Erde fliegen solle, um den Tanz der Kraniche zu erlernen.

Eines Tages verließ er schließlich sein Wolkennest und flog zu dem Ort, an dem sich die Kraniche gerade versammelten. Er landete mitten in ihrem Kreis und bat sie, ihm das Tanzen beizubringen.

Einer der Kraniche sprach zu ihm: „Breite deine Flügel aus, genau so wie ich es tue."

Und ein anderer Kranich forderte ihn auf: „Komm, tanz wie wir! Tanz wie ein Kranich!"

Der Emu versuchte es, doch seine Flügel waren so riesig, dass sie ihn daran hinderten. Der erste Kranich wurde wütend und schrie, er solle aufhören und endlich seine Flügel ausbreiten.

Es war dort eine große Anzahl von Kranichen versammelt. Alle warteten darauf, dass der Emu endlich seine Flügel ausbreiten würde, damit der Tanz beginnen könne. Als der Emu schließlich seine Schwingen ausbreitete, waren sie so gewaltig, dass sie alle Kraniche, die auf dem Hügel warteten, bedeckten.

Die Kraniche purzelten vor Schreck aufeinander und völlig durcheinander und bekamen es mit der Angst zu tun.

„Nein, nein, nein!", riefen sie im Chor. „Deine Flügel sind zu groß, viel zu groß! Wir müssen sie abschneiden, damit sie die Größe unserer Flügel haben."

Sie hielten gemeinsam die ausgebreiteten, riesigen Flügel des Emus an beiden Enden fest. Dann holte einer die schärfste Steinaxt, die er finden konnte, und beschnitt die Flügel des Emus.

Aber er schnitt sie zu kurz, viel zu kurz. Als die Kraniche den Emu aufforderten, jetzt seine Flügel auszubreiten, tat der Emu sein Bestes, aber er konnte sie nicht mehr finden. Er wurde ängstlich und traurig. Er hatte seine schönen, großen Schwingen verloren! Wütend schrie er die Kraniche an: „Ihr habt mich betrogen! Ihr habt mich betrogen!"

Verschreckt und verängstigt rannte der Emu, so schnell er konnte, hinaus auf die weite Grasebene, weit weg von den Kranichen, so weit ihn seine Füße trugen.

Das alles war nur geschehen, weil die Kraniche eifersüchtig auf die großen Schwingen des Emus waren!

Seit diesem Tag wirst du niemals mehr einen Emu in der Nähe eines Sees finden, wo Kraniche leben. Denn seit jener Zeit sind die Kraniche die Feinde des Emus.

Können Emus fliegen?

Vögel fliegen, Pferde traben, Schlangen schlängeln sich, Fische schwimmen, Katzen schleichen, Hunde bellen ... Aber was tut der Emu? Das Manatee? Die Hufeisennase? Das wissen nur die wirklichen Tierspezialisten.

Alter: ab 4 Jahren
Anzahl: viele Kinder

Alle stellen sich in einen Kreis. Ein Kind spielt den ersten Tierspezialisten. Es ruft z. B.: „Alle Enten fliegen". Dabei bewegt es die Arme wie zwei Flügel. Alle Kinder imitieren die Bewegungen, es sei denn, sie sind sich sicher, dass Enten nicht fliegen können. Haben alle die richtigen Bewegungen mitgemacht, geht's in die zweite Runde. Das Kind ruft: „Alle Ziegen meckern" und beginnt lautstark zu meckern. Wieder machen alle mit. Jetzt wird es etwas schwieriger. Es ruft: „Alle Rochen schwimmen" und macht entsprechende Schwimmbewegungen. Alle machen mit. Doch dann ruft es: „Alle Emus fliegen" und flattert mit beiden Armen. Doch obwohl Emus Vögel sind, können sie nicht fliegen. Wer jetzt nicht aufgepasst hat und die Arme wie Flügel bewegt, scheidet aus dem Spiel aus. So geht das Spiel weiter, bis dem ersten Kind nichts mehr einfällt oder nur noch ein Kind im Spiel übrig ist. Das letzte Kind übernimmt dann die Rolle des Tierspezialisten.

Dot Painting

Die Ureinwohner Australiens, die Aborigines, haben eine spezielle Art der Malerei entwickelt: das Dot Painting, das wörtlich übersetzt „Punktmalerei" bedeutet. In einfachen und doch eindrucksvollen Punktlinien werden Tiere, Pflanzen, Landschaften oder abstrakte Muster dargestellt.

Material: schwarzer Tee, große Schale, weißes Malpapier, Wäscheleine, Wäscheklammern (alternativ: braunes Malpapier), Bleistift, weiße Farbe, Pinsel
Alter: ab 4 Jahren

Einen Liter schwarzen Tee kochen, in die Schale gießen und abkühlen lassen. Das weiße Malpapier über Nacht in den Tee legen. Am nächsten Tag die nun braun gefärbten Blätter aus dem Tee nehmen, abtropfen lassen und mit den Wäscheklammern an die Wäscheleine zum Trocknen hängen. Auf die trockenen Blätter ein Tier mit dem Bleistift vorzeichnen. Dann die gezeichneten Linien mit weißen Punkten nachzeichnen. Innerhalb des Umrisses den Körper des Tieres mit gepunkteten Linien ausfüllen.

Adler und Kaninchen

Früher lebten die majestätischen großen Adler fast überall auf der Welt. In Deutschland kannst du den Steinadler in Freiheit nur noch in den Alpen beobachten. Seine Beute dort ist vor allem das Murmeltier. Der Kaffernadler in Afrika und der Keilschwanzadler in Australien jagen ebenfalls kleine Säugetiere. Doch ist es selbst für einen so guten Jäger wie den Adler nicht gerade einfach, seine Beute zu erwischen. Diese Kleinsäuger sind sehr vorsichtig und haben mehrere Eingänge zu ihren Bauten, in die sie sich bei Gefahr zurückziehen.

Alter: ab 4 Jahren
Anzahl: mind. 11 Kinder (ungerade Anzahl)

Ein Kind spielt den Adler, eines das Kaninchen, das seinen Bau nicht findet, mindestens sechs Kinder spielen jeweils zu zweit einen Kaninchenbau. Dafür stellen sie sich einander gegenüber und halten ihre ausgestreckten Arme hoch. In jedem Bau hockt ein Kind als Kaninchen. Der Adler hat den kleinen Nager, der sich außerhalb seines Baus aufhält, gesehen und versucht ihn zu fangen. Das Kaninchen kann den Eingang zu seiner Höhle nicht finden und rennt mal hierhin, mal dorthin, um nicht vom Adler erwischt zu werden. Wird die Situation schwieriger, rennt es zu einem besetzten Bau und springt hinein. Sofort muss das dort lebende Kaninchen seinen Bau verlassen und wird jetzt selbst vom Adler gejagt. Gelingt es dem Adler, ein Kaninchen zu fangen, wechseln die beiden die Rollen. Der ehemalige Adler versteckt sich sofort in einem Bau, dessen Besitzer vor dem neuen Adler davonläuft. Das Spiel endet, wenn die ersten Beteiligten erschöpft sind.

STECKBRIEF: Känguru

„ Hi Mate, mein Name ist Macropus rufus. Ich bin ein Känguru, das berühmteste Beuteltier der Welt. Mich gibt es nur in Australien und in Neuguinea. Ich habe einen kleinen Kopf, große Ohren und ganz lange Hinterbeine, damit ich besser, schneller und höher springen kann als andere Tiere. Bei meinen Vettern, den Baumkängurus, ist das etwas anders. Die brauchen nicht so viel zu springen wie wir Steppenkängurus und so sind ihre Vorder- und Hinterbeine ziemlich gleich lang. Wir alle haben einen kräftigen, langen Schwanz. Kannst du dir denken, warum? Natürlich damit wir uns besser stützen und balancieren können.

Haben wir nicht etwas Wichtiges vergessen? Wir Kängurus sind Beuteltiere, also haben wir eine Tasche vorne am Bauch. Weißt du, wofür diese Tasche ist? Nach der Geburt klettern unsere Babys in diesen Beutel und saugen an unseren Zitzen, die im Beutel versteckt sind. Am Anfang sind unsere Babys so klein wie eine Haselnuss. Darum müssen sie im Beutel geschützt und gesäugt werden. Sie trinken und trinken mehrere Monate lang, bis sie groß und kräftig genug sind, um selbst zu laufen. Die Menschen in Australien nennen unsere Beuteltierbabys „Joeys". Wir Kängurus sind übrigens Pflanzenfresser und mögen so ziemlich alles, was nach Pflanze aussieht.

Beuteltiere werden von den Menschen „lebende Fossilien" genannt. Uns gibt es nämlich schon seit mehreren Millionen Jahren. Bevor die Europäer nach Australien kamen, lebten hier außer den Dingos nur Beuteltiere, Reptilien und Vögel. Es gab also nur ein Säugetier ohne Beutel! Doch die Weißen haben ihre Tiere mitgebracht, die Hasen, Schafe, Rinder und auch Katzen. Alle diese Neuankömmlinge sind ein großes Problem für uns. "

Wissenswertes über Kängurus

Das Känguru ist ein Säugetier.
Es ist ein Beuteltier.
- ist ein Pflanzenfresser.
- kann gut und weit hüpfen.

Weißt du noch mehr über Kängurus?

Bring dein Känguru mit, Pit

(T. & M.: trad. / dt. T.: Pit Budde)

Bring dein Kän-gu-ru mit, Pit. Bring dein Kän-gu-ru mit.

Bring dein Kän-gu-ru mit, Pit. Bring dein Kän-gu-ru mit.

1. Bring dein Känguru mit, Pit.
   Bring dein Känguru mit. (2 ×)

2. Spiel dein Didgeridoo, Sue.

3. Wirf mit dem Bumerang, Jan.

4. Trag die Beutelmaus raus, Klaus.

5. Tanz mit dem Krokodil, Nils.

6. Fang das Schnabeltier ein, Hein.

7. Lach mit dem Kakadu, Lou.

8. Macht das Singen dir Spaß, Lars?

Känguru-Hüpflauf

Habt ihr schon mal Kängurus laufen sehen? Genau, sie können gar nicht laufen, denn sie haben viel zu kurze Vorderbeine. Dafür können sie schnell und weit hüpfen! Ob Kinder das auch so gut können?

Alter: ab 4 Jahren

Wir legen eine Rennstrecke, besser gesagt: Hüpfstrecke von etwa zehn Metern fest. Fünf Kinder stellen sich in eine Reihe nebeneinander. Bei „Los" hüpfen sie, so schnell sie können, mit beiden Beinen zum Ziel. Die beiden schnellsten Kängurus kommen in die nächste Runde, bis die allerschnellsten Hüpfer den Sieger unter sich ausmachen.

Wettlauf der Kängurufamilien

Material: 2 Bälle, 2 Jacken, Steine etc.
Alter: ab 4 Jahren

Eine Wettlaufstrecke von etwa zehn Metern hin und zehn Metern zurück festlegen. Auf jeden Wendepunkt eine Jacke oder einen Stein legen. Die Kinder bilden zwei gleich große Teams. Sie stellen sich am Ausgangspunkt in zwei Reihen nebeneinander auf. Das jeweils erste Kind klemmt sich einen Ball zwischen die Oberschenkel. Nach dem Startzeichen hüpfen beide Kinder zum Wendepunkt und zurück. Am Ausgangspunkt angekommen, geben sie den Ball dem nächsten Kind des eigenen Teams, das sich dann auf die Strecke macht. Fällt der Ball herunter, muss er vom Kind aufgehoben und wieder zwischen die Oberschenkel geklemmt werden. Erst dann kann es weiterhüpfen. Das Spiel endet, wenn das erste Team den Wettlauf komplett absolviert hat.

Das springende Känguru

Material: weißer Bastelkarton, Bleistift, Farbstifte oder Wasserfarben, Schere, Lochverstärkungsringe, Musterklammern
Alter: ab 4 Jahren

- Die Känguru-Vorlage in entsprechender Größe auf den Bastelkarton übertragen und ausmalen.
- Nach dem Trocknen beide Teile ausschneiden, mit der Schere an den vorgegebenen Stellen je ein kleines Loch einstechen.
- Von beiden Seiten je einen Lochverstärkungsring zur Stabilisierung aufkleben und die Musterklammer von vorn durchstecken.
- Die Musterklammer hinten so umbiegen, dass das Känguru beweglich bleibt.

KÄNGURU - VORLAGE

Bumerang, Känguru und Echse

Einen Bumerang kennt fast jedes Kind. Es ist das Wurfholz der australischen Ureinwohner, der Aborigines. Berühmt sind Bumerangs, weil sie, mit der richtigen Technik geworfen, zum Werfer wieder zurückkehren können. Wir benötigen unsere Bumerangs allerdings für einen anderen Zweck, nämlich als Perkussionsinstrumente.

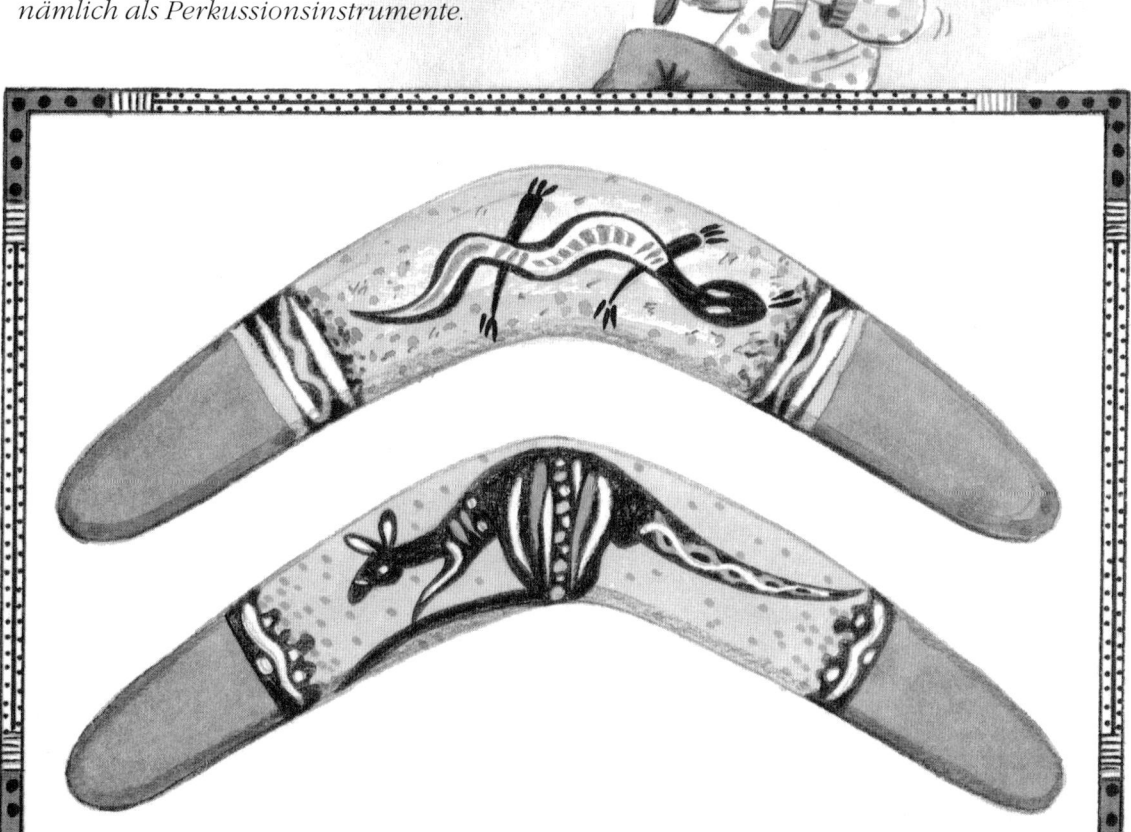

Material: pro Kind 1 Sperrholzplatte (40 × 25 cm, 3 mm dick), Bleistift, Schmirgelpapier, Farbe, Pinsel, Klarlack
Alter: ab 6 Jahren (mit Hilfe eines Erwachsenen)

- Die Bumerangform zweimal auf die Sperrholzplatte übertragen.
- Die Form von Eltern oder eventuell in der Schreinerei aussägen lassen.
- Die Kinder schmirgeln die Kanten der gesägten Hölzer, bis sie rund sind.
- Die Kinder übertragen die Känguru- und Echsenverzierung auf die Bumerangs, malen sie bunt aus und lassen sie trocknen.
- Am nächsten Tag klar lackieren und wieder trocknen lassen.

Zum Musizieren je einen Bumerang an der runden Mitte fassen und im Takt gegeneinander schlagen.

Kennst du die Tiere in Australien?
(Maya-Kreuzworträtsel)

Waagerecht

1. Isst gern Eukalyptusblätter, sieht aus wie ein Teddybär
2. Der australische Wildhund
3. Beuteltier mit großer Nase
4. Beuteltier: Wom ...
5. Ein großer Vogel, der nicht fliegen kann

Senkrecht

6. Bringt den australischen Kindern Ostereier
7. Das Eier legende Säugetier
8. Ihm wäre Rotkäppchen in Australien begegnet
9. Ein ganz kleines Beuteltier
10. Macht große Sprünge mit Baby im Beutel

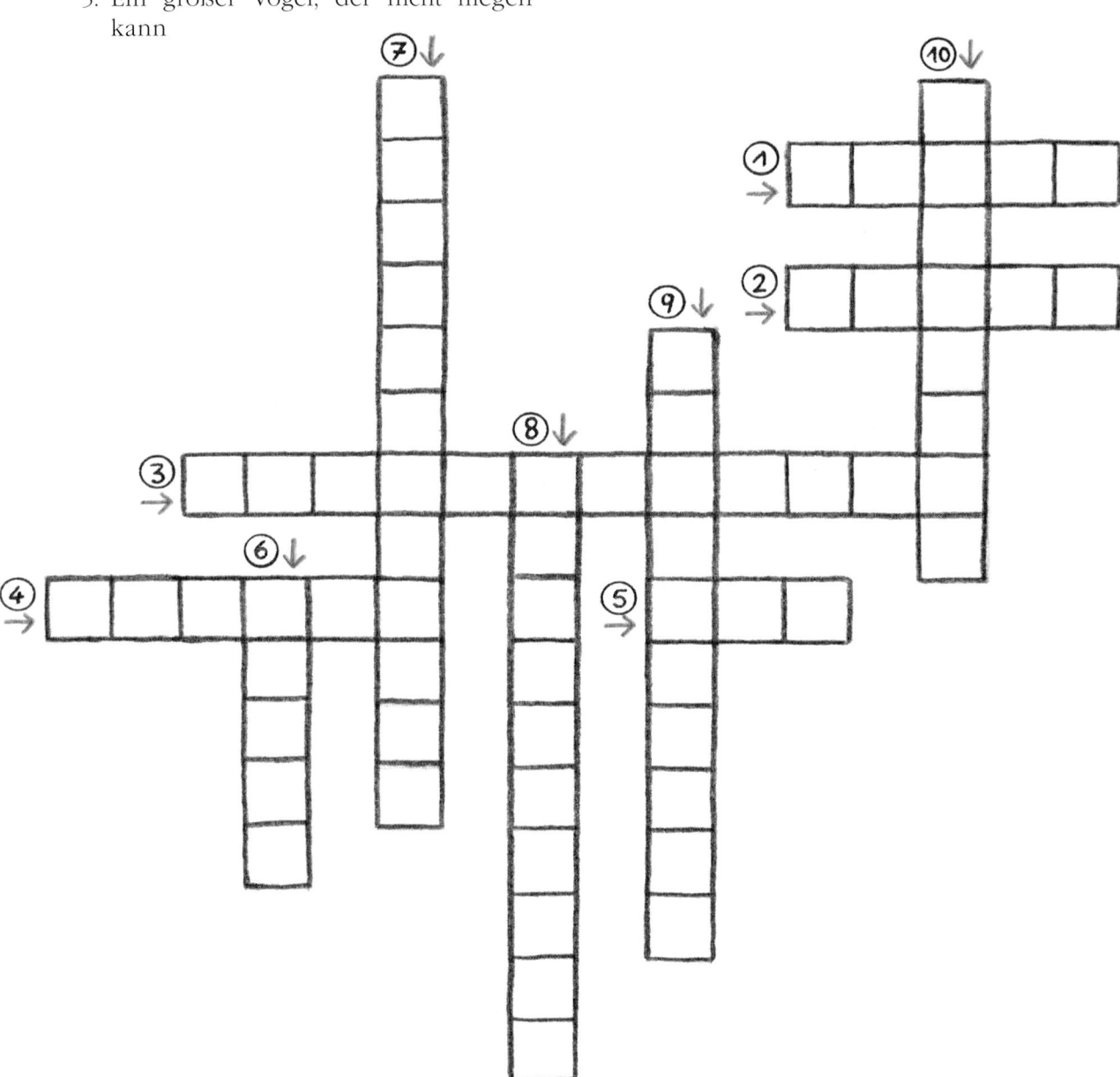

Lösungen: 1. Koala, 2. Dingo, 3. Nasenbeutler, 4. Wombat, 5. Emu, 6. Bilby, 7. Schnabeltier, 8. Beutelwolf, 9. Beutelmaus, 10. Kaenguru

Die Tiere der Weltmeere

❝ Hallo, ich heiße Sepia. Ich bin ein Tintenfisch und lebe im Meer. Wir Tintenfische sind eigentlich gar keine Fische, sondern Weichtiere, denn wir haben kein Skelett. Aber wir besitzen einen inneren Schalenrest, den Schulp. Den kannst du oft am Strand finden oder auch im Vogelkäfig. Dort wird er als Mineralienstein für die Vögel aufgehängt. Man nennt uns Kopffüßer, denn wir tragen viele Fangarme (auch Tentakel genannt) an unserem Kopf.

Ich möchte dir etwas über das Meer erzählen. Es gibt drei große Ozeane: den Atlantik, den Pazifik und den Indischen Ozean. Manche sagen, es sind fünf Ozeane und zählen noch das Arktische Meer und das Südpolarmeer dazu.

Die Weltmeere sind durch Meeresströmungen miteinander verbunden. Auch die Flüsse und Seen auf dem Festland sind mit den Meeren durch den Wasserkreislauf verbunden. Die Meere beeinflussen das Wetter und das Klima auf der Erde. Wenn Wasser aus den Meeren verdunstet, entstehen Wolken und es kann auf dem Festland regnen oder schneien. Die Wasserströmungen aus dem Süden bringen Wärme in den Norden. Wenn du im Winter oder im Sommer am Meer bist, merkst du, dass es im Sommer an der Küste kühler und im Winter milder ist als im Landesinneren. Die Ozeane sind eben unsere Wärmespeicher. Die Meere bedecken einen Großteil der Erde. Aus dem Weltall betrachtet, erscheint die Erde blau. Deshalb wird sie auch der „Blaue Planet" genannt.

Wenn unsere Weltmeere wie die Badewanne einen Stöpsel hätten, den man herausziehen könnte, um das Wasser ablaufen zu lassen, würdest du sehr viele erstaunliche Dinge entdecken. Es gibt Krater, Berge und tiefe Schluchten im Meer und sehr viele verschiedene Pflanzen und Tiere. Da die Erde nicht glatt ist, schauen große Teile der Kontinente aus dem Wasser heraus.

Im Meer gibt es große, kleine und sehr kleine Lebewesen, die so winzig sind, dass du sie mit dem bloßen Auge nicht erkennen kannst. Das Meerwasser ist salzig.

An der Küste findest du Miesmuscheln, Austern, Seeigel und festsitzende Tiere wie etwa die Seepocken. Sie haben nichts mit einer Krankheit zu tun, sondern sind kleine Krebstiere mit einer Kalkschale, die sich überall festsetzen. Auf Felsen, Muscheln und sogar auf Schiffsplanken kannst du sie finden.

In wärmeren Ländern würdest du beim Schnorcheln Korallenriffe und Seeanemonen entdecken. In ihnen leben sehr viele verschiedenen Fische wie der bunte Anemonenfisch. Korallenpolypen und See-

anemonen gehören zu den Hohltieren, sehen aber wie Blumen aus. Wie die Seepocken ernähren sie sich von Kleinstlebewesen, die mit den Strömungen vorbeigespült werden.

An Felsküsten findest du eine Menge interessanter Tiere. Durch Ebbe und Flut wird Nahrung für eine Vielzahl von Tieren mit dem Wasser angeschwemmt. Auf dem offenen Meer ist auch ganz schön was los. Dort leben wir Tintenfische, es gibt Raubfische wie Haie, Moränen und Rochen und verschiedene Wale, die auf Nahrungssuche weite Strecken von einem Ozean zum anderen zurücklegen.

Das Leben ist ein Kreislauf. Von den winzigen Pflanzen leben winzige Tiere. Von den winzigen Tieren leben wiederum wirbellose Tiere wie Würmer, Muscheln und Garnelen, aber auch die Schwarmfische wie Sardinen und Heringe. Ich wiederum fange vor allem Krebse und andere Weichtiere. Und wer frisst mich und die Heringe und die Sardinen? Die größeren Räuber wie Tunfisch, Pottwale, Delfine und viele andere. Zum Glück kann ich meine Farbe verändern, damit meine Fressfeinde mich nicht so leicht entdecken. Außerdem kann ich bei Gefahr Tinte ausstoßen. In diesem Farbnebel können meine Angreifer mich nicht so schnell finden und ich kann mich ganz schnell verstecken.

Die kleinen Fische haben einen anderen Trick, um ihren Feinden zu entkommen. Manche großen Raubfische sind verwirrt, wenn sie einen Fischschwarm entdecken. Dann denken sie, es wäre ein einziges, großes Wesen, und sehen den Wald vor lauter Bäumen nicht!

Aber es gibt auch Fressfeinde, die einen Fischschwarm umzingeln wie die Makrelen. Mit gezielten Angriffen treiben sie die Fische des Schwarms in die Mäuler ihrer wartenden Artgenossen. Und diese Raubfische werden von den noch größeren Räubern wie den Tunfischen gejagt. Und die Tunfische müssen sich wiederum vor den Haien in Acht nehmen. Übrigens gibt es auch sehr große Tiere, die sich von den Kleinstlebewesen ernähren: Die Bartenwale, manche Haie und Mantarochen ernähren sich direkt von den Planktonschwärmen. **"**

Der Tintenfisch

Nr. 24
(T. & M.: Pit Budde)

Kannst du dieses Rätsel raten? Ich will auf die Antwort warten.

Mit acht dünnen, langen Armen schwimmt er durch das blaue Meer.

Was für ein Tier mag das denn sein? Die Antwort, die ist gar nicht schwer.

Bei Gefahr spuckt es viel Tinte. Ist das nicht 'ne clevere Finte.

Kannst du dieses Rätsel raten?
Ich will auf die Antwort warten.
Kannst du dieses Rätsel raten?
Ich will auf die Antwort warten.

Mit acht dünnen, langen Armen
schwimmt er durch das blaue Meer.
Was für ein Tier mag das denn sein?
Die Antwort, die ist gar nicht schwer.

Bei Gefahr spuckt es viel Tinte.
Ist das nicht 'ne clevere Finte?
Ich ess ihn gern als Ring am Tisch.
Wer ist's? Na klar, der Tintenfisch!

Die Nahrungskette im Meer

Im Meer leben riesige Mengen an winzigen Algen (pflanzliches Plankton). Von diesen ernähren sich winzige Tierchen (tierisches Plankton) und viele wirbellose Tiere wie Würmer, Muscheln, Garnelen, aber auch Wirbeltiere wie Fische. An der Spitze der Nahrungskette stehen große Meeressäuger wie der Pottwal, Vögel, Robben und nicht zuletzt der Mensch.

Die Arktis

Zu den Lebensräumen des Meeres gehört auch die Arktis. Hier leben sehr viele bekannte Speisefische wie Seelachs und Kabeljau, die du sicher schon einmal gegessen hast. Auf dem Eis und am Eisrand jagen verschiedene Robbenarten und Eisbären.

Die Antarktis

Im Südpolarmeer, rund um die mit Schnee und Eis bedeckte Antarktis, gibt es sehr viel Krill. Das sind kleine Krebstierchen, die sich von Kleinstlebewesen, dem Plankton ernähren. Krill bedeutet auf Norwegisch Walnahrung. Wie der Name sagt, sind diese kleinen Krebstierchen die Hauptnahrung für Wale, aber auch für Robben, Tintenfische und Pinguine. Orca und Seeleopard, eine größere Robbenart, machen wiederum Jagd auf andere Robben und Pinguine.

Wal und Regenpfeifer
(Hawaii)

Es war ein schöner, sonniger Tag im Winter. Der Wind hatte sich eine andere Gegend auf dem Meer für einen Sturm ausgesucht und kleine, weiße Schönwetterwolken tanzten über den Bergen von Hawaii. Doch ein Wal und ein Regenpfeifer störten den friedlichen Tag und stritten miteinander.

„Es gibt viel mehr Wale als Regenpfeifer auf der Welt", sagte der Wal.

„Das stimmt nicht", erwiderte der Regenpfeifer. „Es gibt viel mehr Regenpfeifer!"

„Mehr Wale", schimpfte der Wal.

„Mehr Regenpfeifer", schimpfte der Vogel.

Sie wurden so laut, dass sich alle Tiere des Wassers und der Lüfte, die in der Nähe waren, nach ihnen umdrehten. Plötzlich wurde es dem Wal zu viel und er begann zu singen:

„Hele mai, Wasser gegen Luft.
Kommt her, alle Wale, kommt her zu mir!
Aus dem Osten, Westen, Norden, Süden,
kommt schnell zu mir!"

„Jetzt wirst du mir glauben", sprach der Wal, denn eine riesige Zahl von Walen kam aus allen Himmelsrichtungen angeschwommen.

Doch da begann der Regenpfeifer ebenfalls zu singen:

„Ich rufe euch alle, ganz gleich wo ihr seid.
Regenpfeifer, kommt alle zu mir!
Aus dem Osten, dem Westen, dem Norden, dem Süden,
kommt, mir zu helfen!"

Während der Vogel noch sang, rauschte es am Himmel und von überall her kamen Regenpfeifer geflogen, bis sie die Sonne verdeckten.

„Siehst du", sprach der kleine Vogel. „Es gibt viel mehr Regenpfeifer als Wale!"

Doch der Wal lachte nur und rief: „Warte es ab" und begann wieder zu singen:

> „Hele Mai, ihr Wesen des Wassers.
> Ich rufe euch alle, kommt ganz schnell her.
> Aus dem Osten, Westen, Norden, Süden,
> kommt schnell zu mir!"

Aus allen Himmelsrichtungen kamen sie und zerteilten den Ozean mit ihren Flossen.

„Mehr Wale, mehr Fische als Regenpfeifer, viel mehr!", rief der große Wal.

Doch auch der Vogel sang schon wieder:

> „Hele mai, all ihr Vögel.
> Kommt her zu mir.
> Aus dem Osten, Westen, Norden, Süden,
> kommt schnell zu mir!"

Über ihren Köpfen rauschte ein nicht enden wollendes Heer von Vögeln heran, die mit ihren Flügeln den gesamten Himmel verdunkelten.

„Mehr Regenpfeifer, mehr Vögel als Wale, viel mehr!", schrie der kleine Regenpfeifer.

Doch auch der Wal sang schon wieder und der Vogel tat es ihm gleich.

Sie riefen die Fische und Vögel der ganzen Erde. Der Tunfisch kam, die Bachstelze kam, der Hai kam und der Adler, der Papageienfisch kam und der Albatros. Sie kamen zu Hunderten, zu Tausenden, zu Millionen. Es war ein ohrenbetäubender Lärm über dem Meer. Doch noch immer wussten sie nicht: Gibt es mehr Wale oder mehr Regenpfeifer?

Der Hai fragte den Wal: „Was sollen wir tun?" Der Wal betrachtete die gewaltige Menge von fliegenden Vögeln, die sich auf einer nahe gelegenen Insel ausruhte.

„Wir werden alles Land fressen. Dann gibt es nichts mehr, wo die Vögel sich ausruhen können!"

Und so begannen Wale und Fische, das Land zu fressen, Stück für Stück.

„Was sollen wir tun?", fragte die Bachstelze den Regenpfeifer, während unter ihnen das Land verschwand.

Der Regenpfeifer überlegte einen Augenblick, dann sprach er: „Wir werden die Ozeane leer trinken. Dann können weder Wale noch Fische überleben!"

Das Land aufzufressen und die Meere leerzutrinken dauerte eine ganze Weile. Doch die Vögel schafften es zuerst.

Als kein Wasser mehr übrig war, lagen die Wale, Haie, Rochen und alle anderen Fische auf dem Trockenen und zappelten verzweifelt und keuchten vor Angst.

Hoch oben in der Luft beobachteten die Vögel die verzweifelten Wale und Fische.

Etwas Unerwartetes geschah. Was sie dort sahen, tat den Vögeln leid. Fisch war die Nahrung von vielen Vögeln. Ohne ihre Nahrung würden auch sie zugrunde gehen.

„Wir brauchen die Fische, um leben zu können", sprachen sie. Und sie wurden traurig, als sie sahen, wie sehr sich die Fische quälten.

Der traurigste von allen war der Regenpfeifer und er wusste sofort, was die Vögel tun mussten. Alle Regenpfeifer, Bachstelzen, Pelikane, Albatrosse spien das Wasser zurück in den leeren Ozean.

Und bald war das Meer gefüllt mit Wasser wie vor dem Streit. Alle Fische und Wale schwammen glücklich nach Hause und alle Vögel taten es ebenso. Sie schwammen und flogen nach Osten, Westen, Norden und Süden. Alles war genau, wie es vor dem Streit gewesen war.

Nur alle hatten eine Lektion gelernt. Sie wussten jetzt, wie sehr jeder den anderen braucht.

Seit diesem Tag leben die Wesen des Wassers und der Lüfte friedlich miteinander. Aber niemals haben sie herausgefunden, ob es jetzt mehr Regenpfeifer oder mehr Wale auf der Welt gibt.

Der Kampf der Seeelefanten

Seeelefanten sind die größten Robben der Welt. Wenn sie ihre Jungen zur Welt bringen, schwimmen sie immer wieder an die gleichen Strände und wuchten dort ihre riesigen Körper ans Ufer. Nach einer Weile wird es dort sehr eng und die erwachsenen Seeelefanten beginnen, sich um die besten Liegeplätze zu streiten. Dabei bäumen sich zwei gegenüberliegende Tiere mit den Oberkörpern auf und versuchen, sich gegenseitig zur Seite zu schieben.

Alter: ab 4 Jahren

Jeweils zwei Kinder verschränken ihre Arme vor der Brust (Seeelefanten haben natürlich Flossen), stellen sich auf ein Bein und versuchen, sich durch Stoßen und Drücken mit der Schulter zur Seite zu schieben. Fällt ein Kind zu Boden, hat es den Kampf verloren.

Robben-Balancelauf

Vielleicht habt ihr schon einmal im Zoo beobachtet, wie die Robben Bälle auf der Nase balancieren. Sie sind dabei unglaublich geschickt. Da Bälle sehr schwer zu balancieren sind, versuchen wir es mit Äpfeln.

Material: 2 Äpfel
Alter: ab 4 Jahren

Eine kleine Rennstrecke von zehn Metern Länge ausmachen. Jeweils zwei Kinder legen sich einen Apfel auf den Kopf. Jetzt gilt es, den Apfel auf dem Kopf zu balancieren und gleichzeitig auf der Rennstrecke Schnellster zu sein. Auf ein Zeichen geht es los. Alle Gewinner kommen in die zweite Runde. Das Spiel endet mit dem Finale der besten und schnellsten Robben.

STECKBRIEF: Delfin

,, Hallo, mein Name ist Flipper, ich bin ein Delfin. Ich gehöre zu den Walen. Uns gibt es in allen Weltmeeren. Auch wenn wir im Wasser leben, sind wir Wale doch keine Fische. Wir sind Säugetiere, atmen mit der Lunge, haben keine Kiemen und außerdem säugen wir unsere Kälber.

Unsere Vorfahren haben vor langer, langer Zeit auf dem Land gelebt. Doch dann sind sie lieber ins Wasser gegangen. Ihre Vorderbeine verwandelten sich in Flossen (Flipper), ihre Hinterbeine verschwanden und so wurden aus ihnen die Wale.

Wir Wale sind sehr gute Schwimmer, wir haben nämlich die Form eines Fisches. Nur unsere Schwanzflosse ist anders als bei den Fischen. Unsere Schwanzflosse liegt waagerecht im Wasser, die der Fische senkrecht. Wir atmen zwar mit einer Lunge wie ihr Menschen, können aber trotzdem sehr lange unter Wasser tauchen. Damit wir im eiskalten Wasser nicht frieren, haben wir unter der Haut eine dicke Speckschicht, die heißt „Blubber".

Es gibt zwei Arten von Walen: die Zahnwale und die Bartenwale. Ich gehöre zu den Zahnwalen, warum wohl? Na klar, weil ich Zähne habe. Die Bartenwale haben keine Zähne im Maul, sondern Barten, die sind wie eine lange, dichte Bürste.

Meine Rückenflosse, die Finne, ist dreieckig. Vorne habe ich zwei Flossen, die Flipper, und dann noch eine Schwanzflosse, die Fluke. Meine Schnauze sieht fast wie ein Schnabel aus.

Die Nase sitzt bei mir oben auf dem Kopf und heißt Blasloch. Immer wenn ich nach dem Tauchen an die Wasseroberfläche komme, spritze ich aus meinem Blasloch eine Fontäne aus. Diese Fontäne nennt man „Blas".

Wir Delfine und auch die anderen Wale sind sehr intelligente Tiere. Wir verständigen uns untereinander durch Laute, die unter Wasser sehr weit zu hören sind. Wir geben Schnalz-, Stöhn- und Grunzlaute von uns. Große Wale und ganz besonders der Buckelwal können sogar Melodien singen. Früher dachten die Seeleute, es wären Meerjungfrauen, die da singen. Wir Delfine benutzen unsere Stimmen auch für die Jagd. Wenn unsere Laute unter Wasser auf ein Tier treffen und uns als Echo wieder erreichen, wissen wir, wo das Tier sich befindet und wie groß es ist.

Wir ernähren uns von Fischen, Tintenfischen und Krustentieren, die sich im Meer aufhalten. Die meisten Delfine leben im salzigen Meer. Es gibt aber auch einige wenige Süßwasserdelfine in China und in Südamerika.

Wir Delfine sind liebenswürdige Tiere und mögen Menschen. Manchmal schwimmen wir zu ihren Schiffen und surfen auf deren Heckwelle. Seit vielen Jahrhunderten werden Geschichten darüber erzählt, wie wir Menschen aus Seenot gerettet haben. ,,

Wissenswertes über Delfine

Delfine sind Säugetiere.
Sie gehören zu den Zahnwalen.
- jagen mit Hilfe einer Echoortung.
- atmen mit der Lunge.
- leben im Meer, wenige Arten im Süßwasser. Wale leben in allen Weltmeeren.
- haben ein Blasloch, das Atemloch.

Kannst du den Steckbrief vervollständigen?

Bin ein Delfin

⊙ Nr. 23
(T. & M.: Pit Budde)

Ich kann schwim-men, ich kann schwim-men,
ich kann schwim-men tief im Meer. Bin ein Del-fin und
kann gut schwim-men, kann gut schwim-men tief im Meer.

Ich kann schwimmen,
ich kann schwimmen,
ich kann schwimmen tief im Meer.
Bin ein Delfin und kann gut schwimmen,
kann gut schwimmen tief im Meer.

I am swimming,
I am swimming,
I am swimming in the sea.
I'm a dolphin and I'm swimming,
I am swimming in the sea.

Ich kann tanzen,
ich kann tanzen,
ich kann tanzen auf dem Meer.
Bin ein Delfin und kann gut tanzen,
kann gut tanzen auf dem Meer.

I am dancing,
I am dancing,
I am dancing in the sea.
I'm a dolphin and I'm dancing,
I am dancing in the sea.

Ich kann schwimmen,
ich kann tanzen,
ich kann springen aus dem Meer.
Ich kann lachen wie die Kinder,
und doch bin ich ein Delfin.

Pinguinjagd

Es gibt eine berühmte Frage, mit der Kinder und Erwachsene auf's Glatteis geführt werden können: „Wo genau begegnen sich Eisbär und Pinguin?" Die Antwort ist ganz leicht: „Im Zoo!" Eisbären leben im Nordpolarmeer, Pinguine nur auf dem Eis und auf den Inseln der südlichen Meere. Also werden sie in der Natur niemals aufeinander treffen. Pinguine werden von Orcas, den Schwertwalen gejagt. Im Wasser sind sie eine leichte Beute für die großen Wale. Deshalb flüchten die Pinguine, wenn sie Gefahr wittern, schnell auf dicke Eisschollen.

Material: Zeitungen
Alter: ab 4 Jahren (mit Hilfe eines Erwachsenen)

Die aufgeschlagenen Zeitungsblätter sind unsere Eisschollen und Eisberge, auf die sich die Pinguine flüchten. Sie werden im Raum verteilt. Auf jedem Eisberg wartet ein Pinguin. Der hungrige Orca streift zwischen den Eisbergen umher und ruft: „Hier ist nichts zu fressen!" Jetzt können die Pinguine gefahrlos ihren Eisberg verlassen und im Meer herumschwimmen. Dann nimmt der Orca einen rettenden Eisberg aus dem Spiel und ruft: „Hier kommt ein hungriger Orca!" Alle Pinguine versuchen, einen rettenden Eisberg zu erreichen. Aber auf jeden Berg passt nur ein Pinguin. Wer keinen freien Eisberg findet, scheidet aus. Das Spiel endet, wenn nur noch ein Eisberg übrig ist.

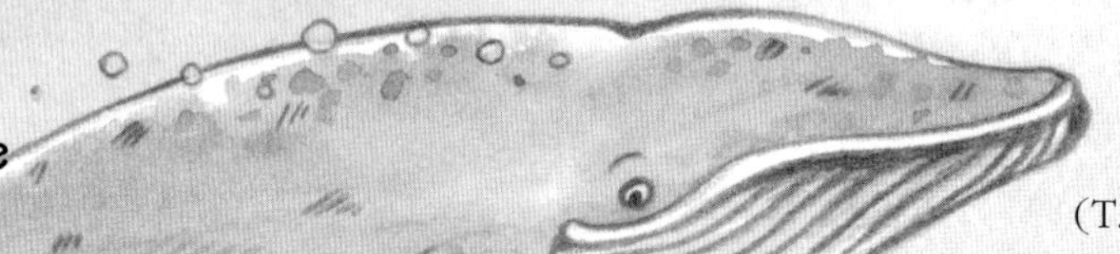

Die drei Wale

(T. & M.: Pit Budde)

D / **Fism** / **Em** / **A**
Ich bin der gro-ße Bu-ckel-wal, den's manch-mal an die Küs-ten zieht.

D / **Fism** / **Em** / **A**
Ich schwim-me gern durch's tie-fe Meer und sing da-bei ein

D / **D7** / **G** / **D**
schö-nes Lied. Zum Fres-sen hab ich Krab-ben gern, die

Em / **D** / **G**
schwim-men mir doch glatt in den Mund. Ich reiß ihn auf und

D / **E7** / **A**
treib durch's Meer, so krieg ich sie in mei-nen Schlund.

1. Ich bin der große Buckelwal,
den's manchmal an die Küsten zieht.
Ich schwimme gern durch's tiefe Meer
und sing dabei ein schönes Lied.
Zum Fressen hab ich Krabben gern,
die schwimmen mir doch glatt in den
Mund.
Ich reiß ihn auf und treib durch's Meer,
so krieg ich sie in meinen Schlund.

2. Man nennt mich den Belugawal.
So weiß wie Schnee ist meine Haut.
Das passt sehr gut zu Eis und Frost,
denn wo ich leb', bleibt's immer kalt.
Nur in der Arktis geht's mir gut.
Und willst du mich beim Schwimmen
sehn,
dann such dort, wo das Treibeis zieht.
So weit nach Norden musst du geh'n.

3. Ich bin der Orca, groß und stark.
Die andern Tiere fürchten mich.
Ich werde auch Schwertwal genannt.
An meiner Finne erkennst du mich.
Ich bin schwarz-weiß und voller Mut
jag ich nach Robben in der Gischt.
Die meisten Menschen mögen mich,
manch Totempfahl zeigt mein Gesicht.

Projekt:
Ein Besuch im Zoo

Fast alle Kinder sehen und erleben „wilde Tiere" erst einmal im Zoo. Hier können sie leicht eine Vielzahl von Tierarten aus allen Teilen der Welt beobachten. Ein gut vorbereiteter Besuch im Zoo ist für alle ein schönes und intensives Erlebnis. Natürlich lohnt es sich genauso, den Zoobesuch nachzubereiten, um die Erlebnisse zu vertiefen. Zur Vor- und Nachbereitung hier ein paar Spiele und Lieder.

In den Zoo

Nr. 9

(T.: Pit Budde / M.: trad.)

In den Zoo woll'n wir jetzt gehen,
viele wilde Tiere sehen.
Kommst du mit? Kommst du mit?

Affen, Bären, Papagei,
Löwen, Tiger und 'nen Hai
Sehn wir dort, ja die sehn wir dort.

Gepard, Wildschwein, Pinguin,
Bison, Adler und Delfin.
Die woll'n wir sehn, ja die woll'n wir sehn.

Was ist denn dein Lieblingstier?
Denk schnell nach und sag es mir.

Ist's vielleicht der graue Luchs
Oder ist's der schlaue Fuchs
Oder gar – das Dromedar?

Otter, Elch und auch 'nen Reiher,
Lama, Tapir und 'nen Geier,
Nur das Schnabeltier, das ist nicht hier.

Hörst du, wie die Löwen brüllen?

Hörst du die Hyäne lachen?

Hörst du, wie die Frösche quaken? ...

Hörst du, wie die Raben rufen? ...

Indianische Namen

Die meisten Kinder haben schon einmal indianische Namen gehört, in denen ein Tier vorkommt. Bekannte Namen waren z.B. „Sitting Bull" heißt übersetzt „Sitzender Stier", „Crazy Horse" heißt „Verrücktes Pferd", „Kicking Bear" – „Tretender Bär", „Eagle Woman" – „Adlerfrau", „Spotted Eagle" – „Gefleckter Adler" usw.

Alter: ab 4 Jahren

Vor dem Zoobesuch denken sich die Kinder einen Namen aus, in dem ihr Lieblingstier vorkommt. Im Zoo angekommen suchen sie nach ihren Namenstieren und versuchen, so viel wie möglich über ihre Lebensweise und ihr Verbreitungsgebiet zu lernen.

Variante

Nach dem Besuch im Zoo denkt sich jedes Kind einen Namen mit seinem Lieblingstier und einer besonderen Eigenschaft aus, z.B.: „Schlauer Fuchs", „Listiger Wolf" – der Fantasie sind keine Grenzen gesetzt. In einem Stuhlkreis erzählt dann jedes Kind, weshalb es den Namen gewählt hat.

Stadt, Land, Vogel, Säugetier

Kinder kennen die Namen von vielen Tieren. Aber wissen sie auch, ob der Emu ein Vogel oder ein Säugetier ist, oder das Okapi? Um das herauszubekommen und noch viel dazuzulernen, verändern wir das bekannte Spiel „Stadt, Land, Fluss" in „Stadt, Land, Vogel, Säugetier".

Material: pro Kind 1 Schreibblock und 1 Stift
Alter: ab 7 Jahren

Jedes Kind bereitet seinen Spielzettel vor. Für Stadt, Land, Vogel, Säugetier und für die gewonnenen Punkte wird jeweils eine Spalte auf den Zettel gezeichnet. Das jüngste Kind beginnt und sagt laut „A". In Gedanken zählt es das komplette ABC auf. Irgendwann sagt das daneben sitzende Kind: „Stopp!" Das erste Kind benennt den Buchstaben, bei dem es gerade angekommen ist, und schon beginnen alle eine Stadt, ein Land, einen Vogel und ein Säugetier mit dem entsprechenden Anfangs-

buchstaben in die Tabelle zu schreiben. Hat ein Kind alle vier Spalten ausgefüllt, ruft es: „Fertig!" und alle hören auf zu schreiben. Jetzt werden die Punkte vergeben.

Das schnellste Kind sagt jetzt die Stadt, die es aufgeschrieben hat, alle anderen, was sie geschrieben haben. Ist die Spalte leer, gibt es 0 Punkte; hat noch ein anderes Kind oder gleich mehrere die gleiche Stadt aufgeschrieben, gibt es 5 Punkte; hat niemand die gleiche Stadt aufgeschrieben, gibt es 10 Punkte; ist niemandem sonst eine Stadt eingefallen, gibt es 20 Punkte. So geht es durch alle vier Spalten. Dann zählen die Kinder ihre Punkte zusammen und schreiben die Summe in die letzte Spalte. Das Kind mit den meisten Punkten in dieser Runde sagt laut: „A" und das Spiel geht in die nächste Runde. Nach einer vorher festgelegten Anzahl von Runden zählen die Kinder alle ihre gesammelten Punkte zusammen und ermitteln so den Gewinner.

Alle Elefanten fliegen hoch!

Können Elefanten fliegen? Ich glaube nicht! Aber wer kann denn alles fliegen? Das Spiel eignet sich sowohl zur Vor- wie auch zur Nachbereitung des Zoobesuchs.

Material: 1 großer Tisch, pro Kind 1 Stuhl
Alter: ab 4 Jahren

Die Kinder setzen sich um den Tisch, das jüngste Kind darf mit dem Spiel beginnen. Alle Kinder trommeln auf den Tisch, während das jüngste z. B. ruft: „Alle Echsen fliegen hoch!" Natürlich weiß das Kind, dass Echsen nicht fliegen können, und hält seine Hände schön brav auf dem Tisch. Dann ist das rechts neben ihm sitzende Kind an der Reihe. Wenn es allerdings die Warane hat fliegen lassen, muss es in dieser Runde aussetzen. Die Kinder denken sich möglichst Tiere aus, die nicht ganz so bekannt

sind. Aber manchmal ist die Spannung so groß, dass manche auch Elefanten fliegen lassen.

Wettlauf der Kuscheltiere

Jedes Kind bringt ein kleines Kuscheltier mit in die Einrichtung.

Material: pro Kind 1 kleines Kuscheltier
Alter: ab 4 Jahren

Für den Wettlauf setzen sich alle Kinder in einem Kreis auf den Boden. Jedes Kind hat sein Kuscheltier in der Hand. Auf ein Zeichen beginnen alle Kinder gemeinsam im Takt zu sprechen:

> *Bären, Löwen, Papagei,*
> *Zebra, Wal und Straußenei,*
> *Elefant und Krokodil,*
> *Alle schwimmen durch den Nil.*

Dabei bewegen sie die Hände im Rhythmus: von rechts zur Mitte, nach links zur Mitte, nach rechts zur Mitte …

Bei **rechts** legen sie ihr Kuscheltier vor die Hände ihres rechten Nachbarn.
Bei **Mitte** legen sie die leeren Hände vor sich auf den Boden.
Bei **links** nehmen sie das Kuscheltier ihres linken Nachbarn.
Bei **Mitte** legen sie die Hände mit dem Kuscheltier vor sich.
Bei **rechts** legen sie das Kuscheltier vor die Hände des rechten Nachbarn.
Die erste Runde des Spieles endet, wenn alle Kuscheltiere wieder bei den eigentlichen Besitzern angelangt sind.

Wie bewegen sich die Tiere?

Die Kinder haben den Zoo besucht und viele Tiere beobachtet. Einige Tiere haben geschlafen oder faul herumgelegen, andere sind gelaufen, geklettert, geschwommen, geflogen, auf zwei Beinen gelaufen, auf vier Beinen gelaufen oder gekrochen.

Alter: ab 4 Jahren

Die Kinder stellen sich draußen in einer Reihe auf. Das erste Kind schlägt ein Tier vor, an das es sich gut erinnern kann. Es ist z.B. ein Känguru. Alle Kinder hüpfen jetzt wie ein Känguru. Dann ist das zweite Kind an der Reihe. Es erinnert sich an einen Adler. Alle Kinder nutzen jetzt ihre Arme als Flügel und fliegen hin und her.
Weitere Tiere:
- Der Hase hoppelt.
- Die Schlange schlängelt sich über den Boden.
- Der Pinguin geht tollpatschig mit angelegten Armen.
- Der Löwe stolziert.
- Der Gepard rennt.

Das Spiel endet, wenn keinem der Kinder ein neues Tier einfällt.

Ich höre was, was du nicht hörst

Überall, wo wir uns befinden, sind wir von einer Vielzahl von Geräuschen umgeben. Einige davon sind für uns so normal geworden, dass wir sie kaum noch wahrnehmen. Viele Menschen bemerken nicht einmal mehr, wie laut der Straßenverkehr vor ihrer Haustür ist, empfinden aber quakende Frösche als sehr störend. Wenn wir spazieren gehen, sehen wir vor allem und hören erst an zweiter Stelle. Das ist völlig anders, wenn wir nichts sehen können. Alle nächtlichen Geräusche erscheinen uns lauter, als sie sind, und manchmal beängstigend, weil wir ihren Ursprung nicht sehen können.

Material: Augenbinde
Alter: ab 4 Jahren (mit Hilfe von Erwachsenen)

Wir machen einen Spaziergang durch die Natur, in den Wald, an einen Bach, ans Meer, dorthin, wo wir nicht mehr allzu viel vom Straßenverkehr hören. Einem Kind werden die Augen verbunden, alle anderen sind ganz still. Jetzt beschreibt das Kind, was es hört, vielleicht Vogelgesang; einen rauschenden Bach; Wind, der durch die Bäume weht, ein Flugzeug, die Schritte eines Menschen ... Nach einer Weile werden dem nächsten Kind die Augen verbunden und es beschreibt, was es hört.

Ich hab geträumt, ich wäre ein Bär

Die Kinder haben durch den Zoobesuch und durch Spiele mittlerweile schon viele wilden Tiere kennen gelernt. Sie haben eine Vorstellung davon, wie sich die Tiere bewegen und welche Laute sie von sich geben.

Material: 1 leeres Zimmer, Turnhalle o. Ä.
Alter: ab 4 Jahren

Die Kinder legen sich auf den Boden und singen:

Müde, müde, ich bin so müde!
Schlafen, schlafen, ich will jetzt schlafen.

Dann schließen sie die Augen und tun so, als würden sie schlafen. Dabei denken sie sich ein Tier aus. Die Spielleitung geht zu einem Kind, rüttelt es wach und fragt: „Was hast du geträumt?"
Das Kind hat sich ein Tier ausgedacht und antwortet:
„Ich hab geträumt, ich wäre ein Bär."
Es läuft auf allen Vieren durch den Raum, brummt vor sich hin und macht einen Bären nach.
Dann gibt dieses Kind das Kommando für eine neue Runde des Spiels und sucht das Kind aus, welches als nächstes von einem anderen Tier „geträumt" hat.

Rhythmische Tiernamen

In dieser Übung werden Kinder an einen gemeinsamen Rhythmus herangeführt.

Material: pro Kind 2 Klanghölzer oder Löffel
Alter: ab 4 Jahren

Die Kinder setzen sich in einen Stuhlkreis. Jedes Kind hält zwei Klanghölzer oder Löffel in den Händen. Die Spielleitung bestimmt, welches Kind beginnt. Das ausgewählte Kind nennt den Namen seines Lieblingstieres, z. B. Dromedar. Alle Kinder sagen daraufhin gemeinsam und im gleichen Rhythmus: Dro-me-dar. Dabei klopfen sie zur Unterstützung mit den Klanghölzern den Rhythmus. Das nächste Kind sagt sein Lieblingstier, z. B. Krokodil. Wieder sprechen alle im gleichen Rhythmus den Namen und klopfen dazu. Schwieriger wird es bei Tieren mit langen Namen wie dem Weißkopfseeadler. Mit ein wenig Übung klappt aber auch das.

Ich sehe, höre, fühle, rieche ein Tier

Aus Büchern, Filmen oder dem Zoo wissen wir, wie viele Tiere aussehen. Aber wissen wir auch, welche Geräusche sie von sich geben, wie sie sich anfühlen, wie sie riechen?

Alter: ab 4 Jahren

Die Spielleitung denkt sich ein Tier aus, z. B. einen Fisch. Dann beantworten die Kinder die folgenden Fragen:
- Wie sieht ein Fisch aus?
- Welche Geräusche macht ein Fisch?
- Wie fühlt sich ein Fisch an?
- Wie riecht ein Fisch?

Jetzt sucht sich ein Kind ein anderes Tier aus und stellt die gleichen Fragen, z. B. über den Koala:
- Wie sieht ein Koala aus?
- Welches Geräusch macht ein Koala?
- Wie fühlt sich ein Koala an?
- Wie riecht ein Koala?

Einige Fragen werden weder Kinder noch ErzieherInnen oder LehrerInnen beantworten können. In diesem Fall lohnt es sich, einen Zoo zu besuchen, in dem das entsprechende Tier lebt. Der dort verantwortliche Pfleger wird die Fragen gerne beantworten.

Welches Tier ist gut angepasst?

Bei diesem Spiel merken die Kinder, was sie mittlerweile über die Tiere gelernt haben. Ähnlich wie beim bekannten „Wer wird Millionär" stellt die Lehrerin eine Frage und gibt vier Lösungsmöglichkeiten vor, von denen allerdings mehrere richtig sein können. Unten sind sechs solcher Fragen mit den entsprechenden Lösungen vorformuliert.

Material: weiße DIN A4-Blätter, Stifte, Stoppuhr
Alter: ab 7 Jahren

Die Spielleitung teilt die Kinder in zwei Gruppen auf. Welche Gruppe die erste Frage gestellt bekommt, wird ausgelost. Zur Beantwortung der Frage hat die erste Gruppe 30 Sekunden Zeit. Die Kinder dürfen sich absprechen, um eine gemeinsame Lösung zu finden. Haben sie die Frage richtig beantwortet, bekommen sie die nächste Aufgabe. Wurde die Frage nicht richtig, bzw. nicht vollständig beantwortet, ist die zweite Gruppe an der Reihe.
Nachdem die Kinder alle vorgegebenen Fragen gelöst haben, bereitet jedes für die nächste Runde eine eigene Frage mit entsprechenden Lösungsvorschlägen vor und schreibt sie auf ein Blatt Papier. Die Spielleitung nimmt die Blätter an sich, mischt sie, dreht sie auf die unbeschriebene Seite und zieht sie beim Spiel einzeln aus dem Stapel. Das Kind, dessen Frage gestellt wird, darf sich natürlich nicht an der Beantwortung beteiligen.

1. Welche Tiere sind an das Leben in der Arktis (Schnee und Eis) angepasst?

- [ ] der Eisbär
- [ ] der Braunbär
- [ ] das Schneehuhn
- [ ] der Tiger

Erklärung: Tarnung, weißes Fell, weißes Gefieder

Lösung: Eisbär, Schneehuhn

2. Welche Tiere sind auf ein Leben im Wasser vorbereitet und haben Schwimmhäute?

- [ ] der Eisbär
- [ ] die Stockente
- [ ] der Rotfuchs
- [ ] der Löwe

Lösung: Eisbär, Stockente

3. Welche Tiere können fliegen?

- [ ] die Fledermaus
- [ ] der Strauß
- [ ] das Schwein
- [ ] die Libelle

Lösung: Fledermaus, Libelle

4. Welches Tier hat ein Raubtiergebiss?

- [ ] der Eisbär
- [ ] der Maulwurf
- [ ] der Leopard
- [ ] das Schnabeltier

Lösung: Eisbär, Leopard

5. Welches Tier hat einen kräftigen Schnabel und große Krallen?

- [ ] der Adler
- [ ] das Riesenkänguru
- [ ] der Tausendfüßler
- [ ] die Maus

Lösung: Adler

6. Welches Tier kann seine Hautfarbe ändern?

- [ ] die Ringelnatter
- [ ] der Koala
- [ ] der Elefant
- [ ] das Chamäleon

Lösung: Chamäleon

Anhang

Zoos und Nationalparks, Umweltorganisationen

Naturschutz – Artenschutz – Umweltschutz

Aktionsgemeinschaft Artenschutz e.V.:
www.aga-international.de
BUND: **www.bund.net**
Deutsche Umwelthilfe e.V.: **www.duh.de**
Greenpeace: **www.greenpeace.de**
Grüne Liga: **www.grueneliga.de**
Kids für die Umwelt: **www.umweltkids.de**
NABU, Naturschutzbund Deutschland:
www.nabu.de
OroVerde: **www.oroverde.de**
Pro Regenwald e.V.: **www.pro-regenwald.org**
Pro Wildlife e.V.: **www.pro-wildlife.de**
Regenwald Report: **www.regenwald.org**
Robin Wood e.V.: **www.robinwood.de**
WWF, World Wildlife Fund for Nature:
www.wwf.de
ZGF, Zoologische Gesellschaft Frankfurt:
www.zgf.de

Adressen von Zoos und Tiergärten in Deutschland

www.zoos-online.de

Aachen, www.euregiozoo.de
Tierpark, Obere Drimbornstr. 44,
(02 41) 5 93 85
*Wasservögel, Greifvögel, Landschaftszoo,
Zoopädagogik, Mensch-Tier-Begegnung*

Aschersleben, www.zoo-aschersleben.de
Tierpark, Auf der Alten Burg 40,
(0 34 73) 33 24
*Katzen vom Schwarzen Panther bis zum
Sibirischen Tiger, Meerkatzen,
Nilflughunde, Nilkrokodile und Riesen-
schlangen*

Augsburg, www.zoo-augsburg.de
Zoologischer Garten, Brehmplatz 1,
(08 21) 5 67 14 90
*Panorama, Terrarium, Tropenhalle,
Bergtieranlagen, Raubtieranlagen,
Mini-Eisenbahn, Abenteuerspielplatz mit
Streichelzoo*

Berlin, www.tierpark-berlin.de
Tierpark Friedrichsfelde, Am Tierpark 125,
(0 30) 51 53 10
*Bärenanlagen, Präriehundanlage, Dick-
häuterhaus mit Seekuhanlage, Alfred-
Brehm-Haus, Takine, Moschusochsen,
Schlangenfarm, Krokodilhalle, Land-
schaftstierpark*

**Berlin, www.zoo-berlin.de www.aquarium-
berlin.de**
Zoologischer Garten, Hardenbergplatz 8,
(0 30) 25 40 10
*Menschenaffen, Raubtierhaus mit Gro-
ßem Panda, Nachttierhaus, Huftieranla-
gen, Vogelhaus, Fasanerie, Flusspferd-
haus, Seeelefanten, Aquarium (Quallen,
Haie), Terrarium (Kommodowarane), Insektarium, artenreichster Zoo der Welt*

Burg / Fehmarn, www.meereszentrum.de
Meereszentrum, Gertrudenthaler Str. 12,
(0 43 71) 44 16
*Haiwelten, eines der größten Aquarien
Europas. Artenvielfalt hautnah.*

Chemnitz, www.tierpark-chemnitz.de
Tierpark, Nevoigstr. 14a, (03 71) 85 00 28
*Tropenhaus, Vivarium, Fasanerie, Sta-
chelschweine, Grizzlybär*

Cottbus, www.zoo-cottbus.de
Tierpark, Kiekebuscher Str. 5,
(03 55) 3 55 53 60
*Vögel aller Art, v.a. Wasservögel, Stachel-
schweinhaus, Pinguinfelsen, Raubtieranlagen, Landschaftszoo, Kinderanimationen*

Dortmund, www.zoo-dortmund.de
Zoo, Mergelteichstr. 80, (02 31) 50 285 81
*Regenwaldhaus „Rumah hutan", Zucht-
erfolge Großer Ameisenbär, Amazonas-
haus, Tamandua-Haus, Riesenotter, West-
fälischer Bauernhof, Nashörner,
Angola-Giraffen, einmalige Parkland-
schaft*

Dresden, www.zoo-dresden.de
Zoologischer Garten, Tiergartenstr. 1,
(03 51) 47 80 60
*Menschenaffen, Afrikahaus, Tundra-
Anlage, Zoo unter der Erde, Terrarium,
Aquarium, Greifvögel, Landschaftszoo,
Kinderanimationen*

Duisburg, www.zoo-duisburg.de
Zoo Kaiserberg, Mülheimer Str. 273,
(02 03) 30 55 90
*Delphinarium (Toninas), Fossas, Koalas,
Aquarium, Terrarium, Turakos, Robben,
Südamerika-Anlage*

Erfurt, www.zoopark-erfurt.de
Thüringer Zoopark, Zum Zoopark 8-10,
(03 61) 7 51 88 21
*Schmuckschildkröten, Elefanten-Anlage,
Gebirgsloris, Nashornhaus, Giraffenhaus, Lisztäffchen, Trampeltierfreianla-
ge, Berber-Affenberg, Bisonanlage*

Frankfurt, www.zoo-frankfurt.de
Zoologischer Garten, Alfred-Brehm-Platz
16, (0 69) 21 23 37 27
*Nachttierhaus, Exotarium (Aquarium,
Terrarium und Insektarium), Bonobos,
Katzendschungel (Raubtieranlagen),
Spitzmaulnashörner, Aye-Aye*

Gelsenkirchen, www.ruhrzoo.de
Zoom Erlebniswelt, Bleckstr. 64,
(02 09) 9 54 50
*Alaska-Erlebniswelt, naturnahe Löwen-
und Hyänenanlage, Afrikanisches Dorf*

Halle/Saale, www.zoo-halle.de
Zoologischer Garten, Fasanenstr. 5a,
(03 45) 5 20 33 00
*Bergtiere und die Fauna Südamerikas
mit Ameisenbären, Faultieren, Jaguaren,
Tukanen, Kugelgürteltieren und Serie-
mas.*

Hamburg, www.hagenbeck.de
Hagenbecks Tierpark, Lokstedter Grenz-
str. 2, (0 40) 5 40 00 10
*Japanische Insel, Tropenaquarium, Fla-
mingos, Strauße, Löwenschlucht, Kodiak-
bären, Elefanten-Park, Dschungel-Nächte*

Hannover, www.zoo-hannover.de
Erlebniszoo, Adenauerallee 3,
(05 11) 28 07 40
*Afrikalandschaft „Sambesi", Flusspferde,
Flamingos, Löwen, indischer Dschungel-
palast mit Elefanten, Gorillaberg mit
Menschenaffen, Tapir, Tropenhaus, Pa-
lastgarten des Maharadschah*

Heidelberg, www.zoo-heidelberg.de
Zoologischer Garten, Tiergartenstr. 3,
(0 62 21) 64 55 10
*Menschenaffenhaus, Raubtierhaus,
Waldrapp, Waschbären, Wildbienen*

Hoyerswerda, www.hoyerswerda-zoo.de
Zoologischer Garten, Burgplatz 5,
(0 35 71) 45 64 50
Tropenhaus, Greifvögel

Jaderberg, www.jaderberg.de
Tier- und Freizeitpark, Tiergartenstr. 69,
(0 44 54) 9 11 30
*Tropenhaus, Südamerika-Haus, Pingui-
ne, Streichelzoo, Zooschule, Freizeitpark
mit Achterbahn, Hochbahn, Wildwasser
und div. Spielgeräten, 4 ha Afrikasteppe
mit Eisenbahnrundfahrt*

Karlsruhe, www.karlsruhe-zoo.de
Zoologischer Garten, Ettlinger Str. 6,
(07 21) 133-68 15
Afrikanische Savanne, Europas moderns-
te Eisbärenanlage, Banteng-Rinder, Salz-
katzen, Dickhäuterhaus, Tucumán-Ama-
zonen

Kevelaer, www.plantaria.de
NiederRheinpark Plantaria, Am Scheid-
weg 1-5, (02 83 2) 9 32 70
Südamerika-Haus, Europa-Voliere, Strei-
chelzoo

Kiel, www.aquarium-kiel.de
Meereskunde-Aquarium, Dusternbrooker
Weg 2, (04 31) 5 97 39 27
Öffentliches Aquarium, Bewohner unse-
rer Meere, Seen und Flüsse; kleinen Aus-
blick in tropische Korallenriffe.

Köln, www.zoo-koeln.de
Zoologischer Garten, Riehler Str. 173,
(02 21) 7 78 50
Elefantenpark, Urwaldhaus für Men-
schenaffen, Aquarium, Terrarium, Insek-
tarium, Eulen-Kloster, Regenwaldhaus,
Erlebnishalle, Krallenotter, Baumkängu-
ru

Krefeld, www.zookrefeld.de
Zoologischer Garten, Uerdinger Str. 377,
(0 21 51) 9 55 20
Regenwaldhaus, Menschenaffen, Vogel-
haus

Leipzig, www.zoo-leipzig.de
Zoologischer Garten, Pfaffendorfer Str. 29,
(03 41) 5 93 33 00
Aquarium, Robben, Pongoland (größte
Menschenaffenanlage der Welt), Rosen-
talfreianlagen, Trampeltiere, Eisbären,
Afrikasavanne, Bonobos, Terrarium,
Restaurant im Urwalddorf

Magdeburg, www.zoo-magdeburg.de
Zoologischer Garten, Am Vogelgesang 12,
(03 91) 28 09 00
Schneeleoparden, Menschenaffenhaus,
Afrika-Anlagen mit Giraffenhaus, Luchse

München, www.zoo-muenchen.de
Tierpark Hellabrunn, Tierparkstraße 30,
(0 89) 62 50 80
Bisons, Riesenkängurus, Mhorrgazellen,
Dschungelzelt, Elefantenhaus, Flusspferd,
Riesenschildkröten, Polarium, Panzer-
nashorn, Villa Dracula, größte Vogelvoli-
ere Europas, Aquarium, Streichelgehege

Münster, www.allwetterzoo.de
Allwetterzoo, Sentruper Str. 315,
(02 51) 8 90 40
Delphinarium, Ara-Freiflugvoliere, Tro-
penhaus, Breitmaul-Nashörner, Afrika-
panorama, Nordpersische Leoparden,
Dschungelanlage für Orang-Utans und
Zwergotter, Watvogelanlage, Aquarium,
Terrarium

Neumünster, www.tierparknms.de
Tierpark, Geerdsstr. 100, (0 43 21) 5 14 02
Zooschule: Europäische Raubtiere, Haus-
tiere und ihre Stammformen, Tierfamili-
en im Frühling, Tierleben im und am
Wasser, Greifvögel

Nürnberg, www.tiergarten-nuernberg.de
Tiergarten, Am Tiergarten 30,
(09 11) 5 45 46
Delfinarium, Urwildpferde, Kulane, Scha-
brackentapir, Aquarium, Eisbären, Greif-
vögel, Seekühe

Osnabrück, www.zoo.osnabrueck.de
Zoologischer Garten, Am Waldzoo 2-3,
(05 41) 95 10 50
Tetra-Aquarium mit Terrarium, Großvoli-
ere, Elefantenpark, Menschenaffenhaus,
Bienenhaus

Rheine, www.naturzoo.de
Naturzoo, Salinenstr. 150, (0 59 71) 16 14 80
Affenwald, Storchenreservat, Dscheladas, Zooschule, Kinderzoo

Rostock, www.zoo-rostock.de
Zoologischer Garten, Rennbahnallee 21, (03 81) 2 08 20
Südamerika-Haus, Regenwald-Pavillon, Aquarium, Terrarium, Darwin-Box, „magischer Tierpfad" (Zoodidaktik)

Saarbrücken, www.zoosaarbruecken.de
Zoologischer Garten, Graf-Stauffenberg-Str., (06 81) 98 04 40
Tierwelt Afrikas und Südamerikas

Straubing, www.tiergarten-starubing.de
Tiergarten, Lerchenhaid 3, (0 94 21) 2 12 77
Donau-Aquarium, tropisches Vogelhaus, Pinguin-Anlagen, Tiger, Löwen, Luchse, Schimpansen

Stuttgart, www.wilhelma.de
Wilhelma, Neckartalstraße, (07 11) 5 40 20
Amazonienhaus, Aquarium, Terrarium, Menschenaffen, Eisbärenanlage, Volieren, Nachttierhaus, Insektarium, Okapis, Jungtierhaus, Gewächshäuser, einziger botanisch-zoologischer Garten Europas

Tambach, www.wildpark-tambach.de
Wildpark am Schloss, Schlossallee 3, (0 95 67) 92 29 15
Europäische Wildtiere, Greifvögel und Eulen

Ulm, www.tiergarten-ulm.de
Aquarium und Tropenhaus, Wielandstr. 80, (07 31) 1 61 67 00
Pfeilgiftfrösche, Klapperschlangen, Gibbons, Kapuzineraffen, Kängurus, Braunbären

Walsrode, www.vogelpark-walsrode.de
Vogelpark, Am Rieselbach, (0 51 61) 6 04 40
Größter Vogelpark der Welt; Baumhausdorf, Uhu-Burg, Pinguinanlage, Flugvorführungen

Worbis, www.baerenpark.de
Alternativer Bärenpark, Duderstädter Str. 36a, (03 60 74) 9 29 66
Einsatz für misshandelte und nicht artgerecht gehaltene Bären; naturnahe, abwechslungsreiche Gehegegestaltung

Wuppertal, www.zoo-wuppertal.de
Zoologischer Garten, Hubertusallee 30, (02 02) 27 47 0
Schwarzfußkatze, größte Raubtieranlage Deutschlands, Menschenaffenhaus, größte und modernste Elefantenanlage Europas, Eisbären, Kolibris, Eselspinguine, Terrarium, Aquarium

Zittau, www.tierpark-zittau.de
Tierpark, Weinaupark 2a, (0 35 83) 70 11 22
Lama-trecking, Südamerikaanlage, Australienanlage, Heimische Tierarten

Nationalparks in Deutschland

Nationalpark Bayerischer Wald
www.nationalpark-bayrischer-wald.de

Nationalpark Berchtesgaden
www.nationalpark-berchtesgaden.bayern.de

Nationalpark Eifel
www.nationalpark-eifel.de

Nationalpark Hainich
www.nationalpark-hainich.de

Nationalpark Harz
www.nationalpark-harz.de

Nationalpark Jasmund
www.nationalpark-jasmund.de

Nationalpark Kellerwald-Edersee
www.nationalpark-kellerwald-edersee.de

Müritz-Nationalpark
www.nationalpark-mueritz.de

Nationalpark Sächsische Schweiz
www.nationalpark-saechsische-schweiz.de

Nationalpark Unteres Odertal
www.nationalpark-unteres-odertal.de

Nationalpark Vorpommersche Boddenlandschaft
www.nationalpark-vorpommersche-bodden-landschaft.de

Schleswig-Holsteinisches Wattenmeer
www.nationalpark-wattenmeer.de

Niedersächsisches Wattenmeer
www.wattenmeer-nationalpark.niedersachsen.de

Hamburgisches Wattenmeer
www.nationalpark-hamburgisches-wattenmeer.de

Register

Geschichten: fett
Tier-Steckbriefe: fett und unterstrichen
Lieder: fett und kursiv
Aktionen: Normalschrift

Literatur

Pit Budde, Josephine Kronfli: Karneval der Kulturen. Ökotopia Verlag, Münster 2001

Pit Budde, Josephine Kronfli: Regenwald & Dschungelwelt. Ökotopia Verlag, Münster 2006

J. Bruce, K. McGhee, L. Vangelova und R. Vogt: Die Enzyklopädie der Tiere. 2. Auflage. National Geographic Verlag Deutschland; Hamburg 2007

Ernst Mayr: Das ist Evolution. Goldmann Verlag. 2. Auflage. München 2005

Josef H. Reichholf: Was stimmt? Evolution. Herder Verlag. 2007

Pierre Descamp: Planet Meer: Reise in die Unterwasserwelt. 2. Auflage. National Geographic Verlag Deutschland; Hamburg 2007

Dian Fossey: Gorillas im Nebel. Kindler Verlag, München 1989

Bernhard Grimzek (Hg): Grzimeks Enzyklopädie Säugetiere. Bd. 1., Einführung, eierlegende Säugetiere, Beuteltiere, Insektenesser, Rüsselspringer, Fledertiere, Riesengleiter. Brockhaus Verlag, Mannheim 1997

Bernhard Grimzek (Hg): Grzimeks Enzyklopädie Säugetiere. Bd. 2., Spitzhörnchen, Herrentiere, Nebengelenktiere, Schuppentiere, Brockhaus Verlag, Mannheim 1997

Bernhard Grimzek (Hg): Grzimeks Enzyklopädie Säugetiere. Bd. 3., Nagetiere, Raubtiere, Brockhaus Verlag, Mannheim 1997

Bernhard Grimzek (Hg): Grzimeks Enzyklopädie Säugetiere. Bd. 4., Raubtiere, Hasentiere, Waltiere, Röhrchenzähner, Rüsseltiere, Schliefer, Seekühe, Unpaarhufer, Brockhaus Verlag, Mannheim 1997

Bernhard Grimzek (Hg): Grzimeks Enzyklopädie Säugetiere. Bd. 5., Paarhufer, Haussäugetiere, Säugetiere im Zoo, Brockhaus Verlag, Mannheim 1997

Rettet den Regenwald e.V.: Regenwald Report Magazin, Hamburg 2005, 2006, 2007, 2008

TANAPA: Serengeti National Park, Arusha 1986

TANAPA: Lake Manyara National Park, Arusha 1986

Zoologische Gesellschaft Frankfurt: Gorilla Magazin, Frankfurt 2007

Die AutorInnen und die Illustratorin

Pit Budde, Musiker, Autor und Journalist; tourte acht Jahre als Singer-Songwriter mit der Rockgruppe „Cochise" durch Deutschland; produziert CDs und Radiosendungen mit ethnischen Musiken; hat als Interpret, Musiker und Produzent, mehr als 50 Tonträger veröffentlicht; gibt Konzerte für Kinder mit der Gruppe KARIBUNI, unzählige Auftritte Solo oder mit Band in Deutschland, Frankreich, Finnland, Polen, Tansania, Äthiopien und Sambia; führt Aktionen interkulturellen Lernens in Schulen und Kindergärten durch.

mals in Deutschland das Konzept einer „Weltmusik für Kinder" umsetzten. Sie haben für den Ökotopia Verlag mittlerweile viele Bücher geschrieben und CDs herausgebracht und sind für ihre Arbeit für und mit Kindern mehrfach ausgezeichnet worden, u.a. vom WDR, Profolk, Preis der Deutschen Schallplattenkritik.

Josephine Kronfli, Diplom-Biologin, Ausstellungsmacherin, Museumspädagogin, Musikerin und Autorin; geboren in Addis Abeba, Äthiopien; lebt seit 1982 in Deutschland. Gemeinsam mit Pit Budde gründete sie 1997 die Gruppe KARIBUNI, mit der sie erst-

Vanessa Paulzen, Jg. 1970, Studium Kommunikationsdesign an der Universität Essen mit Schwerpunkt Grafik/Illustration. Illustrationen für zahlreiche Bücher, im Ökotopia Verlag u.a. aus den Reihen „Kinder spielen Geschichte" und „Auf den Spuren fremder Kulturen". Vanessa Paulzen lebt in Düsseldorf und ist neben ihrer Arbeit als Grafikerin auch als freie Künstlerin tätig.

 ... und dazu der Tonträger von Pit Budde und Josephine Kronfli:

Panda - Orca - Känguru
Tierlieder und Geschichten aus aller Welt

Überall auf der Welt singen Kinder Lieder über Tiere aus ihrer Umgebung: vom majestätischen Löwen, dem geheimnisvollen Raben oder dem niedlichen Kamelfohlen. Für diese CD haben Pit Budde und Josephine Kronfli Tierlieder aus allen Ländern der Erde gesammelt und viele neue Songs über wild lebende Tiere geschrieben. Die Lieder, in Deutsch und Originalsprachen gesungen, sind nicht nur herrlich anzuhören, sondern nebenbei erfahren die Kinder auf unterhaltsame Art viel Wissenswertes über Jaguar, Waschbär, Wal & Co.

Eingespielt wurde die CD mit internationalen MusikerInnen der Gruppe Karibuni und originären Instrumenten wie Gitarren, Flöten, Akkordeon oder verschiedensten Trommeln. Die Lieder bewegen sich zwischen Rock, ethnischen Klängen, Samba und traditioneller Musik. Kleine Geschichten, Moderationen und Gedichte runden die CD ab zu einem Hörvergnügen der besonderen Art.

ISBN 978-3-86702-076-3

Kinder spielen Geschichte

Floerke + Schön

Markt, Musik und Mummenschanz

Stadtleben im Mittelalter

Das Mitmach-Buch zum Tanzen, Singen, Spielen, Schmökern, Basteln & Kochen

ISBN (Buch): 978-3-931902-43-8
ISBN (CD): 978-3-931902-44-5

H.E.Höfele, S. Steffe

Der wilde Wilde Westen

Kinder spielen Abenteurer und Pioniere

ISBN (Buch): 978-3-931902-35-3
ISBN (CD): 978-3-931902-36-0

Jörg Sommer

OXMOX OX MOLLOX

Kinder spielen Indianer

ISBN: 978-3-925169-43-4

Bernhard Schön

Wild und verwegen übers Meer

Kinder spielen Seefahrer und Piraten

ISBN (Buch): 978-3-931902-05-6
ISBN (CD): 978-3-931902-08-7

Im KIGA, Hort, Grundschule, Orientierungsstufe, offene Kindergruppen, bei Festen und Spielnachmittagen

Auf den Spuren fremder Kulturen

Die erfolgreiche Reihe aus dem Ökotopia Verlag

H.E. Höfele - S. Steffe

Kindertänze aus aller Welt

Lebendige Tänze, Kreis-, Bewegungs- und Singspiele rund um den Globus

ISBN (Buch): 978-3-936286-40-3
ISBN (CD): 978-3-936286-41-0

P. Budde, J. Kronfli

Regenwald & Dschungelwelt

In Spielen, Liedern, Bastelaktionen, Geschichten, Infos und Tänzen die faszinierende Welt der Regenwälder erleben

ISBN (Buch): 978-3-936286-96-0
ISBN (CD): 978-3-936286-97-7

Monika Rosenbaum

Pickadill & Poppadom

Kinder erleben Kultur und Sprache Großbritanniens in Spielen, Bastelaktionen, Liedern, Reimen und Geschichten

ISBN (Buch): 978-3-936286-11-3
ISBN (CD): 978-3-936286-12-0

WELTMUSIK FÜR KINDER

Kinderweltmusik im Internet
www.weltmusik-fuer-kinder.de

Comenius Siegel 2005

H.E. Höfele, S. Steffe

In 80 Tönen um die Welt

Eine musikalisch-multikulturelle Erlebnisreise für Kinder mit Liedern, Tänzen, Spielen, Basteleien und Geschichten

ISBN (Buch): 978-3-931902-61-2
ISBN (CD): 978-3-931902-62-9

Pit Budde, Josephine Kronfli

Wer sagt denn hier noch Eskimo?

Eine Reise durch das Land der Inuit mit Spielen, Liedern, Tänzen und Geschichten

ISBN (Buch): 978-3-936286-73-1
ISBN (CD): 978-3-936286-74-8

D. Both, B. Bingel

Was glaubst du denn?

Eine spielerische Erlebnisreise für Kinder durch die Welt der Religionen

ISBN: 978-3-931902-57-5

Hartmut E. Höfele

Europa in 80 Tönen

Eine multikulturelle Europareise mit Liedern, Tänzen, Spiele und Bräuchen

ISBN (Buch): 978-3-931902-87-2
ISBN (CD): 978-3-931902-88-9

Pit Budde, Josephine Kronfli

Hano Hanoqitho

Frühling und Osterzeit hier und anderswo

Ein internationaler Ideenschatz mit Spielen, Liedern, Tänzen, Geschichten, Bastelaktionen und Rezepten

ISBN (Buch): 978-3-936286-56-4
ISBN (CD): 978-3-936286-57-1

Susanne Steffe, Hartmut E. Höfele

Mit 80 Kindern um die Welt

So leben Kinder anderswo: Bunte Geschichten, Lieder und Spielaktionen

ISBN (Buch) 978-3-86702-052-7
ISBN (CD) 978-3-86702-053-4

Der Fachverlag für gruppen- und spielpädagogische Materialien

Ökotopia Verlag und Versand

Spiele in Gruppen, Lernspiele · Bewegungsspiele, Brettspiele, Kooperative Spiele

Fordern Sie unser
kostenloses Programm an:

Ökotopia Verlag

Hafenweg 26a · D-48155 Münster
Tel.: (02 51) 48 19 80 · Fax: 4 81 98 29
E-Mail: info@oekotopia-verlag.de

Besuchen Sie
unsere Homepage!
Genießen Sie
dort unsere Hörproben!

**http://www.oekotopia-verlag.de
und www.weltmusik-fuer-kinder.de**

Gertraud Mayrhofer
**Kinder
tanzen aus
der Reihe**

Von Herbstdüften,
Frühlingsklängen und
Sommerträumen – ein
Jahr voller Begegnun-
gen, Berührungen,
Bewegung und Tanz

ISBN (Buch inkl. CD): 978-3-936286-45-8

Barbara Huber,
Heidi Nicolai
**Toben,
Raufen,
Kräfte
messen**

Ideen, Konzepte und
viele Spiele zum
Umgang mit Aggres-
sionen

ISBN: 978-3-931902-41-4

Johanna Friedl
**Das
Ballspiele-Buch**

Rollen, werfen, fangen, zie-
len - Ballspiele mit Kindern
für alle Gelegenheiten

ISBN: 978-3-936286-63-2

Wolfgang Hering
**AQUAKA
DELLA OMA**

88 alte und neue
Klatsch- und Klang-
geschichten mit
Musik und vielen
Spielideen

ISBN (Buch): 978-3-931902-30-8
ISBN (CD): 978-3-931902-31-5

Volker Friebel,
Marianne Kunz
**Rhythmus,
Klang und
Reim**

Lebendige Sprachför-
derung mit Liedern,
Reimen und Spielen in
Kindergarten, Grund-
schule und Elternhaus

ISBN (Buch): 978-3-936286-61-8
ISBN (CD): 978-3-936286-62-5

Sabine Hirler
**Kinder
brauchen
Musik, Spiel
und Tanz**

Bewegt-musikalische
Spiele, Lieder und Spiel-
geschichten für kleine
und große Kinder

ISBN (Buch): 978-3-931902-28-5
ISBN (CD): 978-3-931902-29-2

Andrea Erkert
**Das Stuhl-
kreisspiele-
Buch**

Bewegte und
ruhige Spielideen
zu jeder Zeit und
zwischendurch

ISBN: 978-3-936286-26-7

Birgit Kasprik
**Wi-Wa-
Wunderkiste**

Mit dem Rollreifen
auf den Krabbelberg
- Spiel- und Bewe-
gungsanimation für
Kinder ab einem Jahr

ISBN: 978-3-925169-85-4

Wolfgang Hering
**Kunterbunte
Bewegungs-
hits**

88 Lieder, Verse, Ge-
schichten, leichte Hip-
Hop-Stücke und viele
Spielideen zum Mitma-
chen für Kids im Vor-
und Grundschulalter

ISBN (Buch): 978-3-931902-90-2
ISBN (CD): 978-3-931902-91-9
ISBN (Playback-CD): 978-3-931902-95-7

Constanze Grüger
**Bewegungs-
spiele**
für eine gesunde
Entwicklung

Psychomotorische
Aktivitäten für Drin-
nen und Draußen zur
Förderung kindlicher
Fähigkeiten

ISBN: 978-3-936286-00-7

Bettina Ried
**Eltern-Turnen
mit den
Kleinsten**

Anleitungen und
Anregungen zur
Bewegungsförderung
von Kindern von 1-4
Jahren

ISBN: 978-3-925169-89-2

Monika Schneider
**Gymnastik-
Spaß für
Rücken und
Füße**

Gymnastikgeschichten
und Spiele mit Musik
für Kinder ab 5 Jahren

ISBN (Buch inkl. CD): 978-3-931902-03-2
ISBN (Buch inkl. MC): 978-3-931902-04-9

Der Fachverlag für gruppen- und spielpädagogische Materialien

Ökotopia Verlag und Versand

Bewegungsspiele, Brettspiele, kooperative Spiele, Spiele in Gruppen, Lernspiele

Fordern Sie unser kostenloses Programm an:

Ökotopia Verlag

Hafenweg 26a · D-48155 Münster
Tel.: (02 51) 48 19 80 · Fax: 4 81 98 29
E-Mail: info@oekotopia-verlag.de

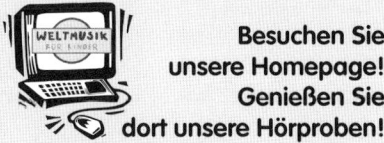

Besuchen Sie unsere Homepage! Genießen Sie dort unsere Hörproben!

http://www.oekotopia-verlag.de
und www.weltmusik-fuer-kinder.de

Gisela Mühlenberg
Kritzeln, Schnipseln, Klecksen

Erste Erfahrungen mit Farbe, Schere und Papier und lustige Ideen zum Basteln mit Kindern ab 2 Jahren

ISBN: 978-3-925169-96-0

Sybille Günther
Das Zauberlicht

Schwarzes Theater, Spiele und Aktionen mit Kindern

ISBN: 978-3-931902-50-6

Elke Gulden, Bettina Scheer
Singzwerge & Krabbelmäuse

Frühkindliche Entwicklung musikalisch fördern mit Liedern, Reimen, Bewegungs- und Tanzspielen für zu Hause, für Eltern-Kind-Gruppen, Musikgarten und Krippen

ISBN (Buch): 978-3-936286-36-6
ISBN (CD): 978-3-936286-37-3

Wiebke Kemper
Rasselschwein & Glöckchenschaf

Mit Orff-Instrumenten im Kinder- und Musikgarten spielerisch musizieren - für Kinder ab 2

ISBN (Buch): 978-3-936286-17-5
ISBN (CD): 978-3-936286-18-2

Mathilda F. Hohberger, Jule Ehlers-Juhle
Klangfarben & Farbtöne

Farben mit allen Sinnen erleben mit Liedern, Spielen, Klanggeschichten und Gestaltungsideen

ISBN (Buch): 978-3-936286-70-0
ISBN (CD): 978-3-936286-71-7

Jakobine Wierz
Knallbunt im Formenrausch

Kinder malen, sprayen, reißen, zeichnen, drucken und gestalten wie farbenfrohe Künstler

ISBN: 978-3-86702-041-1

Jakobine Wierz
Große Kunst in Kinderhand

Farben und Formen großer Meister spielerisch mit allen Sinnen erleben

ISBN: 978-3-931902-56-8

Jakobine Wierz
Vom Kritzel-Kratzel zur Farbexplosion

Kindliche Mal- und Gestaltungsfreude verstehen und fördern – mit zahlreichen praktischen Anregungen von 2 bis 10 Jahren

ISBN: 978-3-936286-42-7

Gerd Grüneisl
Kunst & Krempel

Phantastische Ideen für kreatives Gestalten mit Kindern, Jugendlichen und Erwachsenen

ISBN: 978-3-931902-14-8

Jakobine Wierz
Spiel doch mit den Schmuddelkindern

Matschen, Schmieren, Spielen und Gestalten mit verschiedenen Materialien

ISBN: 978-3-931902-92-6

Jakobine Wierz
Kinder treffen Mona Lisa

Die Kunst großer Meister der Renaissance spielerisch erleben

ISBN: 978-3-93628-43-4

Gisela Walter
Von Kindern selbstgemacht

Allererstes Basteln mit Lust, Spiel und Spaß im Kindergarten und zu Hause

ISBN: 978-3-931902-84-1

Rucksackabenteuer mit **KNUD** dem Umweltforscher

Jetzt kommt Knud!

Kinder lieben es, mit allen Sinnen die Natur zu entdecken. Mit Forscherdrang und Begeisterung ziehen sie los, um Erde und Luft, Wald oder Wasser ganz genau unter die Lupe zu nehmen. Mit **KNUD** dem Umweltforscher wird das zum Kinderspiel: Unsere neue Reihe bietet ein umfangreiches Materialpaket für ErzieherInnen, GrundschulpädagogInnen und Eltern: Von Experimenten und Spielaktionen über Unterrichtsmaterial bis hin zu Hörbuch-CD, Forscherset und Spielpuppen ist alles dabei!

Unser **KNUD**-Konzept: naturwissenschaftliches Lernen mit Spiel und Spaß!

Alle **KNUD**-Materialien ergänzen sich gegenseitig. Sie sind sowohl in Kombination wie auch einzeln einsetzbar! Weitere Infos unter: www.umweltknud.de

Aktionsbuch
zum Thema Erdboden und seine Bewohner
ISBN 978-3-86702-038-1

Birgit Laux • Marina Protuszka

ERDE MATSCH & STEIN
Mit Experimenten und spielerischen Aktionen den Erdboden und seine Bewohner erforschen und verstehen

Rucksackabenteuer mit

Sabine Schneider Bertucco

KNUD-Rucksackschule

ERDE MATSCH & STEIN

Manfred Kindler • Birgit Laux

ERDE MATSCH & STEIN
Spannende Hörspielgeschichten und **KNUD**lige Lieder

Rucksackabenteuer mit dem Umweltfor

Unterrichtsmaterialien zum Thema Boden

Unterrichtsmaterial
Tipps & Arbeitsmaterial für den Unterricht
ISBN 978-3-86702-039-8

Hörbuch-CD
mit spannenden Hörspielgeschichten und Liedern
ISBN 978-3-86702-040-4

KNUD Spielpuppe 30cm
ISBN 978-3-86702-037-4

Fingerpuppe
ISBN 978-3-86702-036-7

KNUD Rucksack
ISBN 978-3-86702-034-3

Forscherset
ISBN 978-3-86702-035-0

WWW.UMWELTKNUD.DE